存在と思惟

中世哲学論集

クラウス・リーゼンフーバー
山本芳久 編・解説

講談社学術文庫

目次

存在と思惟

中世思想における至福の概念……7
トマス・アクィナスにおける言葉……57
トマス・アクィナスにおける存在理解の展開……97
存在と思惟——存在理解の展開の可能性を探って……161
トマス・アクィナスにおける神認識の構造……195
神の全能と人間の自由——オッカム理解の試み……215
解　説　山本芳久　243

存在と思惟

中世哲学論集

中世思想における至福の概念

一　思惟の課題としての至福

人間存在の構造は、その究極目的を見据えることによってこそ解明されるために、中世思想において人間の最終的な使命という問題が論じられる場合には、幸福に対する人間の希求という主題がしばしば議論の対象となった。中世思想においては、教父による解釈を通じて伝えられた聖書の言葉と、主に新プラトン主義的伝統およびアリストテレスに代表される古典古代の哲学とのあいだに、活発な相互交流と相互浸透が行われている。東方キリスト教世界の中世ギリシア神学は、すでに四世紀までに古典哲学の伝統をギリシア教父の神学の内に取り入れたのちは、さらにそれ以上に哲学的伝統を積極的に受け入れるための本質的な貢献を果たすことはなく、またアラブ人のプラトン・アリストテレスおよび新プラトン主義の受容においては、その哲学的解釈は全般的にイスラム神学からかなり距離のあるものであった。これに対して、ラテン西方世界においては、哲学的・神学的伝統の多様な潮流を通じて、ただ一なる真理が探求されるとともに、それぞれ異なった起源をもつ諸々の思想を綜合し、人間精神に理解可能な限りで真理を映し出す統一的思想を形成する試みがなされていたのである。そこで、中世の至福概念を理解するためには、まず最初に、古典古代と、聖書および教父の思想における「人間の幸福」という主題を概括する必要がある。

二　古代思想における幸福理解の基礎づけ

（一）幸福思想の古典古代における源泉

至福へと向かう人間の在り方を論じたもののうちで、中世において最も包括的で影響力のあったのはトマス・アクィナス（Thomas Aquinas　一二二五〜七四年）によるものであるが、その分析はアリストテレスの『ニコマコス倫理学 Ethica Nicomachea』に立脚して展開されている。アリストテレス自身の思想においては、それ本来の意味ではただ神にのみ認められる「至福[1]（εὐδαιμονία）」と、人間の内的完成としての「幸福（μακαριότης）」との区別がなされている。この区別は、神々と選ばれた人間を「幸いなる者」と称して賞讃していたより古い伝統を反映したものである。その意味でホメロス（Homeros　前九／八世紀）は、いかなる苦しみをも被ることがないという理由から神々を「幸いなる」と呼んでいる[2]。そして人間は、神々の特別の寵愛を受けるか、死によって現世の苦しみを脱したときに、このような神的至福に与れるものとされた[3]。この「幸いな」という言葉はやがてその意味を弱めて、一般的に裕福で権勢を揮う者に対して用いられるようになる。[4] その一方でアリストテレスは、善の本性をめぐってのソクラテスとソフィストたちとの論争という背景のもとで、またプラトンによってソクラテス的「徳」の存在論的・神学的基礎づけがなされたのちに、神学的前提や死後の生活という問題とは独立に、人間固有の幸福に具わる構造を記述しようと試みた。さらにそれに続くヘレニズム思想の数世紀間においても、幸福とその多様な解釈こそが、倫理学的・人間論的考察を統一する中心であると同時に、哲学上のさまざまな学派を区別する論点となった。ストア学派は、雑多な情念から自由になった者としての「賢人」の理想を打ち立て、これが古代末期における教父の倫理的理念に深い影響を与える一方で、アリストテレスの幸福概念は――特に十三世紀における『ニコマコス倫理学』のラテン語への翻訳以降――中世を通じて人間の至福（beatitudo; 古典古代の文献のいくつかの翻訳においては「幸福［felicitas］」）についての議論の際には必須の論点と見なされ続けたのである。

（二）　キリスト教思想における幸福理解

(1)　聖書の伝統

中世の神学者たちは、古典古代の文献とは無関係に、聖書の言葉の核心、つまり共観福音書において伝えられたイエス自身の言葉の内に、幸福という主題を見出していた。しかし早くも旧約聖書の『詩編』と「知恵文学」においては、「賞讃（μακαρισμός）」という形式

（二人称、より多くの場合三人称のかたちで、ある者を幸福ないし祝福された者として称える形式。「……なる者（汝）は幸いである」）が現れ、これはしばしば幸福な家庭生活や円滑な社会的関係などの人間的価値一般（『シラ書（集会の書）』二五・七―九）、および主への畏れ（『詩編』一一二・一）や知恵（『シラ書』二五・一〇―一一）、さらに正しい生活（『詩編』一・一、一一九・一）あるいは罪の赦し（『詩編』三二・一）などの宗教的価値を推奨するために用いられた。この場合においては、後期ユダヤ教[5]および初期キリスト教の黙示文学（『ヨハネの黙示録』一・三、一六・一五、二二・七）におけるのと同様に、賞讃という文学形式は往々にして、ある特定の価値を目指す倫理的・宗教的勧告を体現している。それゆえに、幸福は天からの賜物であると同時に、それでもやはり人間の努力の成果と考えられていたのである。

こうした教訓的勧告に見られる至福とは対照的に、イエスは貧しい者、飢えている者、泣いている者や憎まれている者を幸いなる者として称える（『ルカ福音書』六・二〇―二二）とともに、世の終わりには彼らこそが神の国、すなわちすでにこの世界において始まり、来たるべき生において完成される至福に迎え入れられることを約束した。メシアの現前における救い（『マタイ福音書』一六・一七、『ルカ福音書』一〇・二三、『ヨハネ福音書』二〇・二九）および永遠の生（『ヨハネの黙示録』一四・一三、一九・九、二〇・六、二二・一四）の観点からは、世俗的意味での財産はもはや賞讃に値するものではなく、それ自身人間の幸福の本質的な条件や内容と見なされることはない。それに代わって、柔和さ、正義への憧れ、慈悲深さ、心の純潔、および平和への愛といった人間の内的態度（『マタイ福音書』五・三―一〇）こそが、神の祝福、および神の終末論的な呼びかけに対する恭順の現れとして理解された。それゆえに至福は、究極の完成へ向かう人間の開かれた態度、神の恩寵への信頼、および天における成就への希望と分かちがたい内面的な性格を、その本質としているのである。

(2)　教父の伝統

古代末期に現れた最初のキリスト教思想家たちは、山上の垂訓に宣べられた至福のもつ倫理的側面を強調している。たとえばテルトゥリアヌス（Tertullianus　一六〇頃～二二〇年以降）は、貧者と飢えた者の賞讃を、貧困と断食の奨励として理解した[6]。しかしアレクサンドレイアのクレメンス（Clemens　一四〇／五〇～二一五年頃）とオリゲネス（Origenes　一八五頃～二五四年頃）によって、すでに『マタイ福音書』に見られたより精神的な解釈が展開され、貧者と飢えた者の賞讃の真意を神およびその言葉へ向かう内的憧憬に求める見解が推し進められた。オリゲネスは、イエス自身においてこれらの至福の精髄が実現されているがゆえに、まさしく彼の内に神の国が現存しているものと見なしている[7]。人間の至福は、キリストとの合一にもとづくが、それは基本的に、「神の真理を知り事物の諸原因を認識するという（人間の）自然本性的欲求[8]」を満たすことを中核としている。それゆえにキリストにならって神の本性を観想することこそが、人間の究極の至福を成しているのである。人間の幸福についてのこのような主知的・神秘的理解は、『新約聖書』に由来する（『ヨハネ福音書』一七・三、『コリントの信徒への手紙二』一三・一二、『ヨハネの黙示録』二二・四）とともに、プラトン主義の伝統をその起源としている。そしてこの幸福理解は、プロティノス（Plotinos 二〇四／〇五～七〇年）の新プラトン主義が後期教父神学の内に受容されることによって一層強められ、主に教父たちを通じて中世思想へと伝えられることになった。このような伝統の只中で、すでにニュッサのグレゴリオス（Gregorios 三三〇頃～九四年）は、神の本性はいかなる有限な知性によっても汲み尽くせないことを力説し、それゆえに永遠の命を、ますます深まっていく神認識への不断の進歩として理解している(9)。

至福の問題に関して、後期ラテン教父は基本的にこのようなギリシア的な方向に従ったが、それでも彼らは、永遠の至福はあくまで人間の功徳に対する報償として与えられるという理由から、至福に対する人間の積極的な関わりの必要性を訴えた。アウグスティヌス（Augustinus 三五四～四三〇年）は、『マタイ福音書』の真福八端を「キリスト教的生活の完璧な模範(10)」と見なしている。それによれば、人間は完成の諸段階を一歩一歩昇ることによって、第七の至福において、人間の完成の最高段階にまで導かれ、第八の至福においてはその全段階が総括されるのである(11)。アウグスティヌスはその解釈をさらに進めて、この七重の上昇を聖霊の七つの賜物に対応させている(12)（その際に彼の挙げるのは、主への畏れ、敬虔、知識、勇気、思慮、洞察、知恵である〔『イザヤ書』一一・二参照〕）。こうして彼は、人間自身の努力と神の恩寵による助力とを統合し、時間を通しての人間の歩みと、この世界における労苦を永遠の幸福に転じる神の完全性のそのつどの現存とを融和させたのである。人間の生を完成への道程と見るこのような理解を背景として、アウグスティヌスは古典ギリシアの伝統との積極的で批判的な対話を行い、幸福に関するさまざまな哲学的・神学的理論を展開した。そこでは、人間の無制約的な欲求の内に至福の根拠を求める人間論的基礎づけ、人間の欲求の本来の対象としての真理・至高善・神それ自身、および人間の知性・愛・享受の最高段階におけるそれらの成就といった理論が提示された[13]。人間の行為と情念すべては、幸福という目標、すなわち人間存在の究極的意味の実現を目指す人間の根本的欲求を基盤としている。人間の欲求は、移ろい行くはかない目標や価値に満ち足りることがないために、無制約的な至高善との合致に至ってはじめて完成されるが、この至高善は、人間の存在および憧憬の知性的性格に従って、真理それ自身または神として規定される。「まことに至福の生とは、真理から生ずる喜びにほかなりません。すなわちそれは、真理にてましますあなたによって生ずる喜びです。神よ、わが照らしの光よ[14]」。有限の善は、終末での成就において達成される完全な幸福の不完全な模像ないし未完性の状態をもたらすにすぎない。それゆえに、有限なる事物は、ただそれ自身のために愛され享受される（frui）究極の目的とは対照的に、その目標へと向かいそこへ至るために用いられ（uti）なければならないのである。「至福の生とは、あなたを目指し、あなたによって、あなたのゆえに喜ぶことです[15]」。それゆえ至福とは、人間の努力すべてを統合する知である真理への愛、神すなわち絶対的善への愛を通じて達成されるとともに、神の直観におけるその愛の充実が自らを超えて永遠の讃美にまで高まることにおいて成就される[16]。そして至高善および神を人間の欲求および幸福の対象と見なすアウグスティヌスのこの思想は、ボエティウス[17]（Boethius　四七五／八〇～五二四年頃）による運命と自由意志の探求を経て、初期中世の幸福概念にまで支配的な影響を及ぼしたのである。

三　初期スコラ学――至福と倫理

（一）　カンタベリーのアンセルムス

十一世紀後半の初期スコラ学において、「スコラ学の父」たるカンタベリーのアンセルムス（Anselmus　一〇三三／三四～一一〇九年）は、「知解を求める信仰[18]（fides quaerens intellectum）」という彼の綱領に従って、キリスト教信仰の根本諸概念を分析し、自明の諸原理から「必然的推論[19]」を通じてその真理を演繹することによって、聖書および教父の権威に訴えることなく信仰の諸真理を証明する試みをなした。アンセルムスは、人間の至福の問題とその実現の可能条件を論じる際にも、「適切な有益さの、欠けるところのない充足[20]」として定義される幸福の本質に対する洞察をその論証の基盤としている。この自己充足は、すでにアリストテレスが幸福の本質的属性の一つに数えたものであり[21]、またこの規定は、幸福を正義と同様に、存在論的に純粋な完全性、つまりその存在がその非存在よりかならず善いものとして提示するのである。「正義でないより正義である方が、また幸福でないより幸福である方が善い[22]」以上、いかなる場合でも正義ないし幸福は、存在しないより存在する方が善いのである。その一方で、神は「それ以上善いものが考えられえないもの[23]」と理解されなければならないため、幸福はたんに神の属性であるというよりは、むしろ他の存在論的完全性と同様の仕方で、神の本質そのものと一致するという結論が導き出される。「わが魂よ、汝は汝が捜し求めていたものを見出したか。汝は神を求めていた。そして神が一切のもののうちで、それ以上善なるものが考えられえない最高のものであることに、またそれが生命そのものであり、光であり、知恵であり、善であり、永遠の至福であり、至福なる永遠であり、またどこにも常にあることをも見出した[24]」。純粋な存在論的完全性としての至福は、本質的にたんなる主観的心情を超えて、存在そのものの究極的性格として自らを現すのである。アンセルムスの存在論的意図による独創的な概念分析は、「すべてのものは善くあることを欲する[25]」という、欲求の目的についてのより伝統的な理解に裏づけられ、より経験に即した次のような定式に至っている。つまり、「理性的存在に限らず、およそ感覚を有するものはすべて、有益なものを望み、有害なものを避けるのである[26]」。

ところで、それ自身において絶対的に完全なるものには、絶対的な威厳が具わるがゆえに、それはそれ自身において愛され崇敬される。無制約的善の存在論的威厳は、絶対的「当為[27]」(……すべき debitum)を本質とするとともにそれを基礎づけており、この当為に呼応する態度が「正義 (iustitia)」と呼ばれるのである。人間においてこの正義は、廉直と意志の正しさ (rectitudo) を通じて実現される[28]。そして至高善の無限なる威厳に由来する絶対的要請こそが、有限な意志の側に義務を生じさせ、それによって利益や快適さ（commodum）に固執する自らの自然本性的な欲求を超えて意志を高めるとともに、絶対的威厳をそのものにおいて、そのもののために肯定することによって、まさしく意志を正しいものとするのである。

このように二種類の善が存在し、それらには根本的に異なる意志の傾向性が対応している。「すべての存在者は善と言われるが、そのことを別にするなら、二種類の善と、それに対応する二種類の悪があると言われている。一方の善は正義と呼ばれ、それに対応する悪は不正である。もう一方の善は快適と呼んでよいと思われる。それに対応する悪は不快である」[29]。この二つの善、すなわちそれ自身における善ないしは善そのもの、および何ものかあるいは誰かのための善は、神においては一致する。なぜなら、「至福と正義は神において別個のものではなく一つの善であるがゆえに、……神は純一な善において全能である」[30]からである。しかし有限な意志は、一方で没我的に至高善に向かい、それと同時に必然的に自分自身のための快適さや幸福をも求めるため、有限な意志においては二つの善が二つの異なった傾向性を生じさせている。しかし有限な意志は「自らが正義または快適と考えることしか望まない」[31]。有限な意志そのものに具わる二重性は、すでに創造の際に付与されており[32]、それゆえそれを解消することはできない。それ自らのための幸福のみを配慮している意志は、彼自身とは異なる善を純粋にそのもののためにそのあるべきかたち（正義）において肯定することはできないし、正義のみを配慮する意志は、自己完成の道としての意欲や行為[33]へと向かう内的な衝動を欠くことになる。「正義の意志はそれ自体で正義であるが、至福への意志を持っている人すべてが至福だとは限らないため、至福の意志はそれ自体至福ではない[34]」。二つの異なった意志のあいだの相違は、ここから明らかである。

そして有限なる意志に具わるこの二重の構造こそが、有限者にとっての至福の達成を可能にする。一方で有限者は、「至福を欲することなしには至福にはなれない[35]」が、他方では「正義を欲しない者は、至福にはなれない[36]」。至福とは欠乏のない状態であるために、正義を欠いている意志はそれ自身至福ではありえないのである。「実現可能でもなければ実現すべきでもないものを欲する意志は、賞讃に値する全き至福に達することはできない[37]」。「人間は、彼自らが神に負うているものを神に返すのでない限り、至福たりえない[38]」。それゆえに、意志を至福に達するにふさわしいものとするには、正義への意志は「幸福への意志を抑制して、その力を弱めることなく、その行きすぎを牽制しなければならない[39]」。こうして、幸福への意志は、正義への意志を通じて、また無制約的な開き（正しさ）に従って、神それ自身を自らの意志の働きの起源および内容として求めるときに、それ本来の充実に至る。それゆえに倫理的「当為」への従順は、人間の幸福への欲求の内的契機となり、その欲求を人間としての完成にまで導くのである。

人間の究極目的に関しては、「人間は至福を求めるように造られながらも、その至福はこの生において達成されることはできない[40]」。そして創造のこの最終目的は、人間の罪によって損なわれることがないように、究極的には神の子の受肉による救いを必要としている[41]。このようにして、たんに倫理的秩序ばかりではなく神学全体の要となる受肉と贖いも、人間の幸福実現のために必要な秩序と見なされるのである。神の愛における人間の完成こそをもたらすこの目的に向かって、人間の正義も方向づけられている。「人間は幸福になるために、正しい者として造られた。……神は理性的本性を造るにあたって、それが神自らを享受し幸福になるようにされたことを疑ってはならない。まことに、それが理性的であるのは、正義と不正、善と悪、およびより大きい善とより小さい善を識別するためなのである」[42]。それゆえ、善および正義そのものを意識的に承認するために、理性的存在は人間に自由選択を可能にした。「この自由選択なしには、理性的存在は正義を保持することはできないだろう」[43]。このような目的論的考察において、人間存在の全構造は、間主観的な共同性をも含めて、幸福に至るための適切な手段として理解され、再構成されるのである。「汝が汝自身を愛するのとまったく同様に愛している者が、もし同じ幸福を持つならば、汝の喜びは二倍になろう。なぜなら汝は、汝自身のために喜ぶに劣らず、その者のために喜ぶからである。また二人、三人あるいはそれ以上の人が同じ幸福を持つならば、汝は汝自身のために喜ぶのと同じだけ、そのそれぞれの人のために喜ぶであろう」[44]。

(二) クレルヴォーのベルナルドゥス

アンセルムスの方法論は多くの点で、カント的意味での超越論的演繹、つまり志向的行為の主観における可能根拠を探る方法を思わせるものであり、その試みは中世においては後継者を見出すことはなかったとはいうものの、倫理と幸福の関係についての彼の考察は、基本的には中世キリスト教思想の特徴を表している。そのために、十二世紀における傑出した思想家にして教父の遺産を継承する修道院神学の代表者であるクレルヴォーのベルナルドゥス（Bernardus　一〇九〇頃〜一一五三年）は、アンセルムスに範を採りながらも、三重の自由というより洗練された図式で人間を捉えている[45]。第一の、強制からの自由または選択の自由は、自然本性的に理性を通じて人間に与えられ、罪からの自由あるいは恩寵の自由、すなわち救いによって回復され倫理的努力によって保たれる自由において、その意味を見出す。そしてこの第二の、倫理的自由は、悲惨からの自由または永遠の生の自由において完成され、この第三の自由に至って神はその至福なる現存によって人間存在の全体を満たすのである[46]。このようにして理性と選択の自由のもつ人間論的根本構造によって、人間は恩寵による赦しの呼びかけに応じることができ、普遍的・絶対的善に向かって開かれる。そして人間のこの倫理的完成は、悲惨からの解放を求める希望によって導かれており、神との合一およびすべての人間との共同性における無制約な幸福を受け入れる可能条件を成している。ここに純粋なかたちで見て取ることのできるシトー会の霊性においては、幸福は人間的自由の不可欠の構成要素であり、それは少なくとも希望の対象としては、人格間の共同性を要求するものなのである。

(三) ペトルス・アベラルドゥス

創造的で、時によると極端に走る傾向のあった哲学者・神学者ペトルス・アベラルドゥス(Petrus Abaelardus 一〇七九～一一四二年)もまた諸々の徳を、人間が最終的に幸福、つまり人間にとっての究極的善に至る道と見なしている。『ユダヤ教徒およびキリスト教徒との哲学者の対話[47] Dialogus inter Philosophum, Iudaeum et Christianum』(一一三六／三九年)において、彼は三人の思想家を登場させ、「最高善および最高悪について、および人間を幸福あるいは悲惨にする事柄について[48]」論争を交させている。人間の最大の関心はこの二つの問題と両者の関係にこそ存するために、この点ではアベラルドゥス自身の見解を代表する者と思われる「哲学者」は、この問題を扱う考察を倫理学、すなわち道徳哲学と倫理神学の責務としている。「この学科を完全に要約するなら、それは最高善がいかなるところに存し、そこに達するにはいかなる道を通ればよいかということを解明するものだと言えるのである[49]」。

倫理学は人間の究極的な幸福達成の対象と方法とを探求するものであるため、それはたんに「準備段階[50]」にすぎない七自由学芸に対して優位をもつ。「それというのも、最高善は、それを享受することによって真の至福がもたらされるものであるために、他のすべてのものに優っており、それに応じて最高善についての探求は、有益さにおいてもその価値においても、他のいかなる探求に比べてはるかに優れているからである。……文法学や弁証論、あるいは他の学芸についての研究は、人間の真の至福の探求にとってどんな価値をもつというのだろうか」[51]。ここにおいては、さまざまな学芸にとって実践的性格がその位置づけの原理として強調されているが、このことは、神の愛およびその享受における究極的完成へと人間を導く実践的学科という神学概念を準備するものであり、この神学理解はやがて十三・十四世紀のフランシスコ会学派において育まれることになる。

　中心的な論点である最高善は、アウグスティヌスにならって[52]、「獲得されたときにその者を幸福にするもの[53]」と定義されうる。そしてこれは、神に他ならない最高善そのものと、人間の幸福である人間にとっての最高善とに分かれる。「哲学者」が、いかなる対象において幸福が見出されるかという問いを未解決のままに放置し、幸福の内容としてはエピクロス（Epikouros　前三四一～前二七〇年）の快楽主義からキリストの告げる「神の国」に至るまで多様な解釈の幅を容認していたのに対して[54]、「キリスト教徒」は最高善を神の直視と愛に求め、「最高善の享受における最高の愛、すなわちわれわれの幸福こそが、まさに人間の最高善と呼ばれる[55]」と解釈している。しかし「哲学者」と「キリスト教徒」は、幸福が本質的に一つであり、それが人間の功徳（すでにアリストテレスによって用いられた表現[56]）に対する報償であること、つまり彼の正義と徳に対する返褒であるという点で一致している[57]。「すでに述べられたように、われわれは人間の最高善、つまり善という目標を、未来の生の至福の内に認め、そこに至る道を諸々の徳に求める[58]」。そうして幸福は――明らかにボエティウスを参照し[59]、また彼を通じてテミスティオス（Themistios　三一七頃～八八年頃）を援用しながら語られるように――「徳の到達点、すなわち目的因[60]」である。幸福は、「観られる感覚的な意味を拭い去り、脱神話化されていなければならない[63]。

地上の利益とは無関係なものとされるが[62]、この際には「天」という観念はあらゆる空間的・ますますよく理解されるようになる」[61]。そして幸福は、「天上的」本性をもつがゆえに、本質的にものに関してではなく、それを観る仕方に関して」常に増大し、それにともない「神はます

(四) ペトルス・ロンバルドゥス

アンセルムス、ベルナルドゥス、アベラルドゥスといった初期スコラ学の指導的学匠は、それぞれ独自の仕方で幸福の問題に新たな光を投げかけたが、その後の思想的展開にとって最も広範な影響を及ぼしたのはおそらくペトルス・ロンバルドゥス（Petrus Lombardus 一〇九五／一一〇〇～六〇年）であろう。神学全体の綱領である彼の『命題集 Sententiae』は、思弁的深みのもつ透徹さを欠いてはいるものの、一二二五年頃にパリ大学において神学の教科書として公認されたことによって広く読まれ、十三世紀から十五世紀にかけてのたいていの神学者はこの著作についての註解を著しているのである。

この「『命題集』の師」は、その著作を構成するにあたって、アウグスティヌスが『キリスト教の教え De doctrina christiana』で展開した「もの（res）」と「しるし（signa）」の区別[64]に従い、また同じくアウグスティヌスによるもう一つの区別[65]、すなわち、「享受されるもの（fruendum）と用いられるもの（utendum）、さらに享受され用いられるもの」という区別に依拠している。「享受されるものはわれわれを幸福にする。用いられるものによっ

て、われわれは幸福を求めるための助けが得られる。……しかし享受され用いられるものとは、他ならぬわれわれ（人間）自身である[66]」。これらの区別に従って、ロンバルドゥスは神学の全内容を四巻に配列している。最初に「もの」が取り上げられるが、その中ではまず、それ自身において享受される一なる究極目的および最高善、三位一体の神で始められ（第一巻）、ついでただ用いられるだけのもの、つまり物質的被造物の世界が論じられる（第二巻）。さらに享受されると同時に用いられるもの、すなわち自らを超えて究極目的に向かうもの、すなわち人間とキリストによるその救い、そして諸徳と法がそれに続く（第三巻）。そして最後に、「もの」を象徴する「しるし」、すなわち自らが指し示す恩寵を内包している秘跡が取り上げられる（第四巻。終末論もここに含まれる）。なるほど個別の問題が扱われる際には、こうした包括的な計画がしばしば忘れられているようにも見えるが、『命題集』の以上の配列は、究極目的としての幸福という観点から神学全体を総括するものである。それゆえに、意志の目的は幸福であるという理由から[67]、多様な徳と道徳的行為が、幸福を目指す方向性において統一されるだけではなく、理性的存在者の創造自体がすでにこの目的、すなわち「最高善を知るということ、およびそれを知ることによってそれを愛し、愛することによってそれを所有し、所有することによってそれを享受する[68]」ということによって規定されているのである。

四　盛期スコラ学――至福の人間論的分析

初期スコラ学に浸透したアウグスティヌスの幸福概念は、十三世紀の盛期スコラ学においても、神学的・倫理学的議論の思想的枠組みを提供し続けた。しかし十三世紀の半ば以降、やはり幸福概念こそを倫理的現象が収斂する焦点と捉えるアリストテレスの『ニコマコス倫理学』が徐々に受容されるにつれて、[69]アウグスティヌス的幸福概念は彫琢を受ける一方で変貌をも被ることになる。しかしながらアリストテレスの関心は、専らこの世界での生活における自然本性上の幸福に向けられていたために、アリストテレスとアウグスティヌスのあいだの見解の緊張は、自然と超自然の区別、および情欲としての愛と真の愛（caritas）との区別、さらに不完全な幸福と完全な幸福との区別によって克服されなければならなかった。

すでに一二一五年には、教皇使節ロベール・ド・クールソン（Robert de Courçon　一一五五／六〇～一二一九年）は、パリ大学に対して下したその学則規定において、アリストテレスの『ニコマコス倫理学』の研究を推奨している。[70]確かに十三世紀前半においてもこの著作の参照は時折行われていたが、ロバート・グロステスト（Robert Grosseteste　一一六八頃～一二五三年）によるその完訳が公にされたことによってはじめて、アルベルトゥス・マグヌス（Albertus Magnus　一一九三／一二〇〇～八〇年）はそのパラフレーズと註解（一二四八／五二年）を通じて、この著作を学問的議論の場に導入することができたのである。[71]

アリストテレスの倫理学と聖書・新プラトン主義・アウグスティヌスの伝統との緊張によって引き起こされる諸問題は、アルベルトゥスの傑出した弟子であるトマス・アクィナスにおいてはじめて根本的な課題となった。トマスは『ニコマコス倫理学』について徹底した註解を著し、また『神学大全 Summa theologiae』においては、アリストテレスの哲学的思想に即しながら、根本的に神学的な倫理学を展開した。しかしトマスは初期に『命題集註解 Scriptum super libros Sententiarum』および『マタイ福音書註解 Super Evangelium S. Matthaei lectura』を著した時点ですでに、幸福という主題は福音に宣べられた至福にまで遡り[72]、これはアリストテレスが徳と幸福との関係について語った次元を本質的に凌駕しているということを見抜いていた。しかしながら彼は、教育的および方法論上の配慮から、可能な限り哲学的洞察に従い、主に存在論的・人間論的考察にもとづいてこの問題を展開することに努めている。そこにおいてトマスは、アリストテレスの議論を全面的に採り入れながらも、やはり哲学的考察を貫くことによって、アリストテレスの提示した幸福が、神との永遠の合一におけるキリスト教的至福へと向かうための不完全で予備的な段階であることを示したのである。

トマスは、学問・哲学の営みをも含む人間の生の全領域において、幸福が中心的役割を果たすことを充分に理解していた。「哲学の区分にあたっては、人間の生全体の秩序の要となる至福という目的が考慮される。実際アウグスティヌスも『神の国』第一九巻においてウァロの言葉によりながら語っている。〈人間にとっては、幸福になるという以外に哲学する理由はない[73]〉」。『神学大全』においても幸福の論考は、トマスが扱う倫理学的諸問題の冒頭に位置しており[74]、続く倫理学の展開の原理となっている。人間は自己実現の自由な行為を通じて自らの完成に至り、また知性と意志がともに働くことによって成立する厳密な意味での人間的行為は、最終的にはただ一なるなんらかの目標を目指すものであるため、人間の完成はその最終目的の獲得において達成される。幸福または至福と呼ばれるこの最終目的は[75]、あるいは少なくとも「幸福の一般的観念[76]」は、「究極的で完全な善の観点のもとで[77]」すべての人間によって自然本性的かつ必然的に欲求されるが、「幸福の一般的観念はいかなる事柄において見出せるのかは知らないということもありうる[78]」のである。究極目的の一般的観念は多様な中間目的を許容するが、この各々の中間目的は、人間の意志を動かす第一の動者である究極目的の力によって、人間の自発性を引き起こす原動力を発揮する[79]。それゆえに人間的行為の中間目的は、それ自身においてまたそれ自身のためにのみ欲求される究極目的の完成、すなわち幸福の――かけ離れていたり、近かったり、あるいはただそう見えるだけの[80]――類似物、萌芽、分有なのである。このように、幸福はその議論の最初から、たんなる意識状態としてではなく、誰によっても自然本性から根本的に欲求される客観的善の獲得というかたちで存在論的に理解されており、そのために幸福は、人間の主観的な感情を超越する存在論的次元を表現しているのである。

経験的観察および人間論的分析によれば、この究極目的は、富や名誉、名声や権力、あるいは身体的な善や快楽、または魂に固有の善によっては得ることができない。「幸福は魂の内に属する何ものか」であるが、「幸福を成り立たせているのは魂の外に存する何ものかなのである(81)」。なぜなら人間の意志は、いかなる被造物、つまりあらゆる有限的善においても見出すことのできない(82)「普遍的善に向かっている(83)」からである。こうして人間は、「善の普遍的な源泉を目指しており、これこそが、無限で完全なる善として、至福なる者すべてが与る幸福の共通の対象なのである(84)」。この無制約的欲求によって、人間はあらゆる有限的価値を把握するばかりか、より根本的にはそれらを超越し、制限のない善、すなわち「神それ自身(85)」へと直接に向かうことになるのである。

このように幸福の対象が規定されたあとに残された課題は、人間がこの対象を獲得する際の行為の構造を探求することである。神のみがそれ自らの存在において、その本性によって幸福なのであり(86)、また人間の内的完成は能動的な自己実現によって達成されるために(87)、人間はその精神の意図的な行為を通してのみ、至高善とその幸福を分有することができる。しかしながら人間は現世の生においては不断に神と合一することはできず、多くの行為を通じてさまざまな事物と関わらなければならないために、この生においては完全な幸福は不可能であり、ただ「幸福の分有のみが存在し、それを実現する行為がより継続的でより大きくなればなるほど、それだけその分有の程度も大きくなる。それゆえに、多くの事柄と関わる活動的生活は、ただ一つのこと、すなわち真理の観想のみに関わる観想的生活に比べて、幸福の在り方はより少ないのである(88)」。

至高善は感覚的部分の働きによってではなく(89)、ただ知性と意志によって達成されるため、知性と意志のもつそれぞれの機能が探求されなければならない。しかし至高善とのどんな関係であっても幸福を成すというわけではなく、至高善の現実態的な獲得こそが幸福を実現する。それゆえに幸福は、現存していない善と現存している善に対して等しく関わることができる意志の志向性の内にではなく、至高善と「本性による真理」(90)を直観において人間に対して現前させる思弁的または観想的知性の内に存するのである。「完全になるためには、知性は第一原因の本性に達する必要がある。そして知性は、人間の幸福を成り立たせる唯一の対象である神と合一することによって、自らの完成を実現するのである」(91)。神自身に対する至福直観――トマスはこれをも神との結合として記述している(92)――は、人間の自然本性的欲求および意志の最終目的とされるため、トマスは「至福直観に対する自然本性的欲求」(93)をさえも語っている。

意志は、自然本性的欲求を通じてばかりでなく、倫理的正しさ(または廉直さ)によって自由意志を「究極目的に向けて整える」(94)ことによって、人間をこの直観に備えさせるのである。トマスは、意志の正しさと究極目的との関係を、質料と形相との関係になぞらえた際に(95)は、道徳的正しさは完全な幸福の不可欠の前提条件ではあるが、その内容や原因ではないということを強調している。幸福それ自体を求める行為において、意志による愛と神の享受は、人間の究極の完成、すなわち幸福をともないそれを全うさせる。しかし意志は、根本的にはそれ自らの喜びだけを探し求めることはなく、むしろ人間的行為の対象である善に応じて種別化される行為の善、つまりその行為の根本目的である善それ自体を目指すのである。

このような説明によってトマスは、快楽主義の幸福理解、すなわち快楽こそを人間の幸福探求の主要な関心事であるかのように考えるその自己中心的な幸福概念を克服することを試みている。それゆえに神へと向かう意志の根源的態度は、欲求としてのみ記述されることはできずに、原理的には愛あるいは友愛の自己超越として理解され、喜びはそれに副次的にともなうものとされるのである。「愛（caritas）は、喜びゆえに愛されるような善を求めることはない。愛されている善が獲得された場合には喜びが生じるが、それはたんに結果にすぎない。喜びは、目的として愛に対応するものではなく、直観こそが、目的を愛に対してはじめて現前させるがゆえに、愛の目的となっている」[96]。

以上の概括は、トマスの議論がもつ基本構造を示すものであるが、より包括的な理解のためには、さらに多くの細部が考慮されなければならない。第一に、トマスはアリストテレスの議論に含まれる有益な契機を余さず活用している。その際にトマスは、アリストテレス自身が現世での幸福を不完全なものと捉え[97]、幸福を――おそらくは来世における[98]――報償[99]と見なしていると思われる要素を、アリストテレスのテクストの中に指摘している。そしてトマスはこうした要素を活用して、この生における本質的に不完全な幸福と、将来の完成において神によって授けられる完全な幸福との区別を行っているのである。この生において可能な幸福は、その可変性、多数性、死における限界という点に、その不完全性を表している[100]。しかしこの不完全な幸福の構造もまた分析され、徳に即した行為を本質とする活動的生活の幸福と、（思弁的学問に限定されない[101]）真理の観想を核心とする観想的生活の幸福に分類されると同時に、活動的生活の幸福は観想的生活の幸福に従属する二次的なものとされる[102]。さらにトマスは、ポルフュリオス（Porphyrios　二三二／二三三～三〇五年頃）に代表されるギリシア的精神主義を決然と斥け、幸福における人間の感覚および身体の機能を強調し、この世界での生活における不完全な幸福の場合だけではなく、究極的で完全な幸福に関してもそれらの役割を力説している。究極的幸福にとって、身体および感覚の活動はたんに予備的なものではなく、その最終的完成をもたらすような要素である。「なぜなら、身体と結び付くことは魂にとって自然だからである[103]」。こうして「魂の幸福からは、身体に向かってその充実が横溢し、その結果身体もまた自身の完成を獲得するのである[104]」。

完全な幸福にとっては外的な善は不必要であり、不完全な幸福においてもそれは道具としての役割しか果たさないが[105]、不完全な幸福においては友人が必要とされる。それは、「隣人に対して善をなし、彼らが善くなることを見て喜び、その意味で自らの善き行いによって再び彼らから助けられることができるため[106]」である。これに対して完全な幸福において、「人間は自らの完成という全き充実を神において得る[107]」が、「一人の隣人がそこに居合わせたとするなら、神への愛から彼に対する愛が沸き起こる[108]」のであり、そのために友愛は「完全な幸福にともなうのである[109]」。

全体として見るならば、トマスはアリストテレスとともにこの生における真の幸福を肯定してはいるが、同時にその本質的な不完全性を示すことによって、それをより高次の究極的で完全な幸福に向けて開いているのである。人間存在のこのような分析によれば、人間のあらゆる意識的活動は、究極的幸福への努力というかたちで理解でき、またその目的へのふさわしさという点から評価できるのである。しかし現在の生がこうして、不完全な状態、あるいは究極目的を求めて不断に成長する過程として捉えられるとするなら、現在の生における幸福は、実現された完全性の内のみではなく、希望による究極的幸福の先取りの内にも存することになろう。「ある者がこの生において幸福と言われるのは、来たるべき生において幸福を実現することの希望によるか、……なんらかのかたちでの幸福の分有、つまり至高善のある種の享受によるかである」[110]。ここでの主要概念たる希望と分有は、世界内の幸福に具わる自己超越を表すとともに、アリストテレスの幸福概念に含まれる二義性と世界内性とをトマスが克服する際の二つの方向性、すなわちキリスト教の終末論的希望とプラトン主義的分有とを示唆しているのである。

トマスが明確に指摘しているように、アリストテレスは、知性の働きは喜びよりも高次の段階に位置するのか否かの問題を論じながらも、「それを未解決のままにしている」[111]。このような曖昧さは、人間の倫理的行為の究極にして第一の対象である自存的善、すなわち人間の志向性の目的かつ原因として、喜びへの欲求から意志を超出させるプラトン的善を、アリストテレスが否定したことに由来する。トマスにとって「善」は類比的な観念であるばかりか、あらゆる「真の幸福」——ただそう見えるだけの善を生じさせる幸福の類似物とは区別される幸福——において享受されるような、意志の働き以前に成立する現実的原因でもある[112]。この善は、究極的に純粋な善そのものであり、有限な善とそれら相互の相違をそれ自体で無限に凌駕するがゆえに、ある種の幸福については、さまざまな有限な善が共働することを妨げるどころか、むしろ「善さの至高の源泉として」[113]そうした共働そのものを積極的に可能にする。そして善さそのもの、または完全な善という一般的で抽象的な観念のもとで、神は幸福への欲求の包括的で究極的な「根拠（ratio）」であり、同時にあらゆる有限な善とは区別される超越的かつ自存的な目的、すなわち「そこにおいて（in quo）」欲求が充足し、満たされるところなのである[114]。

トマスの幸福論において最も明確に、しかも繰り返し語られているこのような神の超越[115]は、真の幸福を――完全であると不完全であるとを問わず――まず可能にするものではあるが、ここからは同時に、有限な精神がいかにしてこの超越的で無限の善に到達しうるのかという問題が生じるのである。「さて、人間は完全な善を受け入れることができるということは、人間の知性が普遍的で完全な善を把握しうるということ、そして彼の意志がその善を意欲しうるということ、この二つの理由によって証明される」[116]。しかし「聖なる人々のために準備された究極的な幸福」は、その無限性にもとづいて「知性と意志」の能動的な力を「凌駕する」[117]がゆえに、「人間も、またいかなる被造物も、その自然本性的な力によっては究極の幸福には至りえないのである」[118]。それゆえに、神そのものを目指して営まれる人間の善き行い、あるいはその意志の正しさ[119]は、神自身に至る準備または功徳にすぎないのであって[120]、けっして神の獲得そのものではない。それゆえに、完全な善へと向かう人間の根本的な志向性、ないしは開かれた関係性の内部において、人間にとって自然な領域と、超自然の領域、つまり欲求されはするが人間の力によっては達成されることも要求されることもできない領域との区別が現れる。そしてこの区別は、アリストテレスの自然概念をキリスト教神学の中に組み込むために、十三世紀を通じて展開されたものであった。憧れと力とのこの不一致は、無限な真理および善そのもの、すなわち神によってのみ実現され充足されうる超越論的な受容性（potentia oboedientialis）を、人間存在の内部において形成している。[121]まさにこのような無力さ、または神へと向かう受容性を通じて、人間の本性と人間の自由は究極的に意味づけられる。なぜならば、自然は人間に「幸福に達するための手段を」与えなかったが、「人間に選択の自由を授け、神において幸福が与えられるようにと、人間は神へと向き直ることができる。〈それというのも、われわれが友愛によって行うことは、ある意味ですでにわれわれ自身によって成し遂げられているからである〉」[122]。こうしてトマスは、アリストテレスの友愛概念を、人間と神との相互関係に適用し、それによってアリストテレス的な自然概念を、超越者との相互の愛における人格的・対話的関係へと開放したのである。

神との友愛は究極的幸福を可能にするものであるため、人間は、神へと向かう自らの回心において神の恩寵を受け取り、それを前提しなければならない。人間の自由の最高の行為である神への愛、祈りと神の自由な慈愛への信頼はそれゆえに、信仰・希望・愛という対神徳を人間存在の内に注賜した神によって支えられている。[123]しかし、実践的徳と理論的徳というより低い次元においても、この注賜された徳は、自然本性的原理にもとづく人間の努力によって獲得される（アリストテレス的）徳を完成するかたちで、人間をその究極的目的、すなわち神における幸福へと向かわせるのである。[124]人間の自然本性的（アリストテレス的）徳は神の助力によって完成され、しかも完全な幸福はこれらの徳によっても達成されることはないがゆえに、――トマスがその倫理学のまさに締め括りにおける敬虔な文章で語っているように[125]――キリストに約束されたものにとどまるのであるなら、永遠の幸福という目的は、人間の能力すべてを要求しそれを養うものであると同時に、本質的にキリストを通じての救いによって人間に授けられる賜物なのである。[126]

人間の幸福の神学的基盤に関するこのような体系的考察によって、トマスは、アリストテレスにおいては哲学的エリートの特権と捉えられていた幸福を、すべての者に対して開くと同時に、幸福に関する同時代の世界内在的で自然主義的な解釈、すなわちダキアのボエティウス（Boetius de Dacia　一二八四年以前歿）やブラバンのシゲルス（Sigerus　一二八四年頃歿）などの、パリ大学学芸学部で教鞭を執っていた哲学者によって提唱されていた解釈を克服したのである。彼らのラテン・アヴェロエス主義、もしくは急進的アリストテレス主義の見解は、一二七七年パリ司教エティエンヌ・タンピエ（Étienne Tempier　一二七九年歿、在任一二六八～七九年）によって断罪された諸命題のうちに含まれている。「人間が知性と情動に関して充分に整えられるということは、アリストテレスが『ニコマコス倫理学』で述べている知性的諸徳やその他の倫理的諸徳を通して充分に可能であり、そのように整えられた人間は、永遠の幸福のために充分に準備されている」[127]。「幸福はこの世の生において得られるものであって、あの世において得られるものではない」[128]。「幸福は、神から直接に与えられうるものではない」[129]。さらにアエギディウス・ロマヌス（Aegidius Romanus 一二四七頃～一三一六年）は一二七〇年に、パリ大学における当時の論争に際して、以下の同様の見解を、イスラム思想家イブン・シーナー（Ibn Sīnā; Avicenna 九七三／八〇～一〇三七年）およびアル・ガザーリー（al-Ghazālī; Algazel 一〇五八～一一一一年）のものとしている。「われわれの至福はわれわれ自身の働きに依存する」[130]。「われわれの至福は最下位の知性体を認識することにある」[131]。「われわれの内にあるいかなる善性も神から直接には出て来ない」[132]。

五　後期スコラ学──至福と倫理の分離

急進的アリストテレス主義の断罪された諸命題のうちには、人間の至福と自由意志を論じたものが含まれていたため、一二七〇年以降のドミニコ会・フランシスコ会、および教区司祭たちのあいだでの論争においては、人間の行為における意志と知性の役割を明確化することが緊急の課題となった[133]。ヨハネス・ドゥンス・スコトゥス（Johannes Duns Scotus 一二六五／六六～一三〇八年）は、フランシスコ会学派の伝統にもとづいて、至福論の重点を（トマス的な）知性から人間の意志へと移行させるとともに、人間の幸福の構造における愛の決定的な役割を強調した[134]。しかしながら彼は同時に、自由を自然本性による働きとは根本的に異なった能動的な自己決定の力として捉えることによって、愛の存在論的根拠または存在そのものへと開かれた人間知性の受容性を弱めることにもなったのである[135]。

主知主義的思想家と主意主義的思想家のあいだで交された論争は、マイスター・エックハルト（Meister Eckhart 一二六〇頃～一三二七／二八年）にとっても身近なものであったが、彼は至福を人間の精神そのものの中心ないしは根底に据えることによって、知性と意志という二つの能力を二元的に分離する思考を克服しようと試みた。精神は神の像にかたどって創造されたのである以上、その至福はただ、神自身との最も直接的な存在論的合一の内にのみ見出せるのであり、志向的に認識されたり意志されたりする神との関わりによるのではない。「魂は、それが神の像である場において生き、生む。ここにおいて、いかなる被造物も壊すことのできない神との真の合一が存在する。……これこそが真の合一であり、ここに真の至福が存在する。ある師たちは至福を知性の内に求めている。（しかし）私は言う。至福は知性の内にも意志の内にもないのであり、むしろその両方の内にある。（すなわち）至福は知性としてではなく至福として、神は神として、さらに魂は、神の像としてあるがままに存在するところにこそ至福があるのである。なぜなら至福は、魂が、神をあるがままに捉えたところにこそ存在するからである[136]」。

エックハルトと時を同じくして、ウィリアム・オッカム（William of Ockham 一二八五頃～一三四七／四九年）は唯名論的主意主義の見地から、人間の倫理的行為および人間の神との関係を、幸福を求める人間の自然本性的欲求から基礎づける古典的な試みを批判していた。オッカムによれば、倫理的義務を根拠づける際に、人間に幸福をもたらす善そのものの性格、あるいは善に対応する幸福へと向かう人間の欲求に依拠することは――両者がともに被制約的で相対的であるがゆえに――不可能であり、義務の根拠はただ神の絶対的に自由な命法の内にこそ存するのである[137]。同様に幸福は、本質的に徳や倫理的完成には依存しないものと見なされる[138](もっとも実際問題として、現在の世界の状態においては、神は幸福を、彼らの倫理的態度に応じて、それに値する人々に与えるということは認められている[139])。このように幸福の問題が倫理的価値や超越的意味から切り離されることによって、幸福概念が意識のたんなる主観的状態に狭められるようにもなった。そのために近世の思想において幸福は、合理主義的見地、あるいは超自然的な視点にもとづいて軽視されたり、また経験主義的あるいは功利主義的立場からは、その内容とは関わりのないたんなる満足として理解されるばかりか、人間の唯一の関心事として絶対視される傾向があるのである。

註

(1) Aristoteles, *Ethica Nicomachea* I 11, 1101a; *ibid.*, III 14, 1119a.
(2) Homeros, *Odysseia* V 7; id., *Ilias* XXIV 525s.
(3) Plato, *Leges* XII, 947D.
(4) Id., *Respublica* I, 354A.
(5) *Hen. aeth.* 81, 4; 82, 4; 99, 10; *Hen. slav.* 42, 6–14; 52, 1–13; *Ps. Sal.* 4, 23; 5, 16; 6, 1; *4 Esra* 7, 45; cf. J. Schmid, Seligpreisung, in: *Lexikon für Theologie und Kirche*, 9. Band, 2. Auflage Freiburg 1964, Sp. 640.

(6) Tertullianus, *Adversus Marcionem* IV, 14, 9–13; id., *De ieiunio* 15, 6; id., *Apologeticum* 38–40.

(7) Origenes, *In Lucam homiliae XXXIX* 38.

(8) Mens nostra sciendae veritatis dei et rerum causas noscendi proprium ac naturale desiderium gerit: id., *De principiis* II, 11, 4.

(9) Gregorius Nyssenus, *Dialogus de anima et resurrectione*; Ambrosius, *Expositio Evangelii secundum Lucam* 5, 61.

(10) Sermonem quem locutus est Dominus noster Jesus Christus in monte, sicut in Evangelio secundum Matthaeum legimus, si quis pie sobrieque consideraverit, puto quod inveniet in eo, quantum ad mores optimos pertinet, perfectum vitae Christianae modum: Augustinus, *De sermone Domini in monte* I, 1, 1.

(11) Septem sunt ergo quae perficiunt: nam octava clarificat, et quod perfectum est demonstrat, ut per hos gradus perficiantur et ceteri, tamquam a capite rursum exordiens: *ibid.*, I, 3, 10.

(12) Videtur ergo mihi etiam septiformis operatio Spiritus sancti, de qua Isaias loquitur, his gradibus sententiisque congruere: *ibid.*, I, 4, 11.

(13) E. B. J. Postma, *Augustinus De beata vita*, Amsterdam 1946; R. Holte, *Béatitude et sagesse. Saint Augustin et le problème de la fin de l'homme dans la philosophie ancienne*, Paris-Worcester (Mass.) 1962; A. Becker, *De l'instinct du bonheur à l'exstase de la béatitude. Théologie et pédagogie du bonheur dans la prédication de saint Augustin*, Paris 1967; I. Bochet, *Saint Augustin et le désir de Dieu*, Paris 1982.

(14) beata quippe vita est gaudium de veritate. hoc est enim gaudium de te, qui veritas es, deus, inluminatio mea, salus faciei meae, deus meus: Augustinus, *Confessiones* 10, 23, 33; cf. id., *De*

beata vita 4, 35.

(15) et ipsa est beata vita, gaudere ad te, de te, propter te: id., *Confessiones* 10, 22, 32.

(16) Ipse finis erit desideriorum nostrorum, qui sine fine videbitur, sine fastidio amabitur, sine fatigatione laudabitur: id., *De civitate Dei* 22, 30, 1; Ibi vacabimus, et videbimus; videbimus, et amabimus; amabimus, et laudabimus: *ibid.*, 22, 30, 5.

(17) confitendum est summum deum summi perfectique boni esse plenissimum. Sed perfectum bonum veram esse beatitudinem constituimus; veram igitur beatitudinem in summo deo sitam esse necesse est: Boethius, *De consolatione Philosophiae* III, 10 pr., 34–38.

(18) Neque enim quaero intelligere ut credam, sed credo ut intelligam: Anselmus, *Proslogion* 1; Fides quaerens intellectum: *ibid.*, prooemium. アンセルムスの邦訳全集は以下のものである。古田暁訳『アンセルムス全集』聖文舎、一九八〇年。

(19) Sed et si quis legere dignabitur duo parva mea opuscula, Monologion scilicet et Proslogion, quae ad hoc maxime facta sunt, ut quod fide tenemus de divina natura et eius personis praeter incarnationem, necessariis rationibus sine scripturae auctoritate probari possit: id., *Epistola de incarnatione verbi* 6; cf. id., *Cur deus homo* I, 25.

(20) In beatitudine autem, secundum omnium sensum, est sufficientia competentium commodorum sine omni indigentia: id., *De concordia praescientiae et praedestinationis et gratiae dei cum libero arbitrio* III, 13; cf. *ibid.*, III, 4.

(21) Aristoteles, *op. cit.*, A 5, 1097a7–8; *ibid.*, K 7, 1178a19–22.

(22) Melius namque est esse iustum quam non iustum, beatum quam non beatum: Anselmus, *Proslogion* 5.

(23) quo nihil melius cogitari potest: *ibid.*, 14; cf. *ibid.*, 2.

(24) An invenisti, anima mea, quod quaerebas? Quaerebas deum, et invenisti eum esse quiddam summum omnium, quo nihil melius cogitari potest; et hoc esse ipsam vitam, lucem, sapientiam, bonitatem, aeternam beatitudinem et beatam aeternitatem: *ibid.*, 14.

(25) omnes bene sibi esse volunt, et male sibi esse nolunt: id., *De casu diaboli* 12.

(26) Commodum vero non solum omnis rationalis natura, sed etiam omne quod sentire potest vult, et vitat incommodum: *ibid.*

(27) A. Non est itaque aliud peccare quam non reddere deo debitum. B. Quod est debitum quod deo debemus? A. Omnis voluntas rationalis creaturae subiecta debet esse voluntati dei: id., *Cur deus homo* I, 11.

(28) constat iustitiam esse rectitudinem voluntatis propter se servatam: id., *De libertate arbitrii* 3.

(29) Excepto namque hoc quod omnis natura bona dicitur, duo bona et duo his contraria mala usu dicuntur. Unum bonum est quod dicitur iustitia, cui contrarium est malum iniustitia. Alterum bonum est quod mihi videtur posse dici commodum, et hic malum opponitur incommodum: id., *De casu diaboli* 12.

(30) Hinc est quod dicimus deum non posse aliquid sibi adversum aut perversum, quoniam sic est potens in beatitudine et iustitia, immo quoniam beatitudo et iustitia non sunt in illo diversa sed unum bonum, sic est omnipotens in simplici bono, ut nulla res possit quod noceat summo bono: *ibid.*

(31) Nihil autem velle poterat nisi iustitiam aut commodum: *ibid.*, 4.

(32) Fecit igitur deus hominem beatum sine omni indigentia. Simul ergo accepit rationalis natura et

voluntatem beatitudinis, et beatitudinem, et voluntatem iustitiae, id est rectitudinem, quae est ipsa iustitia, et liberum arbitrium sine quo iustitiam servare non valuit: id., *De concordia praescientiae et praedestinationis et gratiae dei cum libero arbitrio* III, 13.

(33) Cf. id., *De casu diaboli* 13.

(34) Voluntas quidem iustitiae est ipsa iustitia; voluntas vero beatitudinis non est beatitudo, quia non omnis habet beatitudinem, qui habet eius voluntatem: id., *De concordia praescientiae et praedestinationis et gratiae dei cum libero arbitrio* III, 13.

(35) nullus potest esse beatus qui non vult beatitudinem: id., *De casu diaboli* 12.

(36) Nec beatus debet esse qui non vult iustitiam: *ibid.*

(37) Immo non potest esse perfecte nec laudabiliter beatus, qui vult quod nec potest nec debet esse: *ibid.*, 13.

(38) Qui ergo non solvit deo quod debet, non poterit esse beatus: id., *Cur deus homo* I, 24.

(39) Quatenus addita iustitia sic temperet voluntatem beatitudinis, ut et resecet voluntatis excessum et excedendi non amputet potestatem: id., *De casu diaboli* 14.

(40) constet inter nos hominem esse factum ad beatitudinem, quae in hac vita haberi non potest: id., *Cur deus homo* I, 10.

(41) nec ad illam (beatitudinem) posse pervenire quemquam nisi dimissis peccatis: *ibid.*; cf. *ibid.*, I, 25.

(42) Hominem factum esse iustum ut beatus esset. Rationalem naturam a deo factam esse iustam, ut illo fruendo beata esset, dubitari non debet. Ideo namque rationalis est, ut discernat inter iustum et iniustum, et inter bonum et malum, et inter magis bonum et minus bonum: *ibid.*, II, 1.

(43) accepit rationalis natura ... et liberum arbitrium, sine quo iustitiam servare non valuit: id., *De concordia praescientiae et praedestinationis et gratiae dei cum libero arbitrio* III, 13.

(44) Sed certe si quis alius, quem omnino sicut teipsum diligeres, eandem beatitudinem haberet, duplicaretur gaudium tuum, quia non minus gauderes pro eo quam pro teipso. Si vero duo vel tres vel multo plures idipsum haberent, tantumdem pro singulis quantum pro teipso gauderes, si singulos sicut teipsum amares: id., *Proslogion* 25.

(45) 拙論「自由と恩寵——初期スコラ学の自由理解」、拙著『中世における自由と超越』所収、創文社、一九八八年、五七—六四頁参照。

(46) Cum igitur, prout interim potuit occurrere nobis, triplex sit proposita libertas, a peccato, a miseria, a necessitate, hanc ultimo loco positam contulit nobis in conditione natura, in primam restauramur a gratia, media nobis reservatur in patria. ... Dicatur igitur prima libertas naturae, secunda gratiae, tertia vitae vel gloriae: primo nempe in liberam voluntatem ac voluntariam libertatem conditi sumus, nobilis Deo creatura; secundo reformamur in innocentiam, nova in Christo creatura; tertio sublimamur in gloriam, perfecta in Spiritu creatura. Prima ergo libertas habet multum honoris, secunda plurimum et virtutis, novissima cumulum iucunditatis: Bernardus, *Liber de gratia et libero arbitrio* III, 7.

(47) Petrus Abaelardus, *Dialogus inter Philosophum, Iudaeum et Christianum*, hgg. von R. Thomas, Stuttgart-Bad Cannstatt 1970; 英訳は以下のものがある。Peter Abelard, *A Dialogue of a Philosopher with a Jew, and a Christian*, trl. by P. J. Payer, Toronto 1979. Cf. L. Steiger, Hermeneutische Erwägungen zu Abaelards Dialogus, in: R. Thomas (Hg.), *Petrus Abaelardus (1079–1142)*, Trier 1980, S. 247–265.

(48) Hic de summo bono et de summo malo et de his, que vel beatum hominem vel miserum faciunt, quoad potui, instructus statim apud me diversas etiam fidei sectas, quibus nunc mundus divisus est, studiose scrutatus sum: Petrus Abaelardus, *Dialogus inter Philosophum, Iudaeum et Christianum* 22–25.

(49) Huius, ut arbitror, discipline in hoc tota colligitur summa, ut, quo summum bonum sit et qua illuc via nobis sit perveniendum, aperiat: *ibid.*, 1280–1282.

(50) Longe omnes inferius ab hac eminentia iacent nec ad tantum se adtollere valent fastigium. Sed quedam genera locutionum tradunt vel rerum aliquas exercent naturas quasi quosdam gradus ad hanc celsitudinem parantes: *ibid.*, 1296–1300.

(51) Quo enim summum bonum ceteris omnibus est excellentius, in cuius fruitione vera consistit beatitudo, constat procul dubio eius doctrina ceteras tam utilitate quam dignitate longe precedere. Longe quippe aliarum studia infra summum bonum remanent nec beatitudinis contingunt eminentiam, nec ullus in eis fructus apparet, nisi quantum huic summe deserviunt philosophie, tamquam circa dominam occupate pedisseque. Quid enim ad studium grammatice vel dialectice seu ceterarum artium de vera hominis beatitudine vestiganda?: *ibid.*, 1288–1296.

(52) Finis autem boni appellatur, quo quisque cum pervenerit beatus est: Augustinus, *De civitate Dei* 8, 3.

(53) Summum bonum sive finem boni, hoc est consummationem vel perfectionem eius, diffnierunt, sicut plerique nostrorum meminerunt, quo quisque cum pervenerit beatus est: Petrus Abaelardus, *op. cit.*, 1519–1522.

(54) Quam, ut arbitror, beatitudinem Epicurus voluptatem, Xpistus vester regnum celorum nominat.

Quid autem refert, quo nomine vocetur, dummodo res eadem permaneat nec sit beatitudo diversa nec iuste vivendi philosophis quam Xpistianis intentio preponatur alia; *ibid.*, 1713–1717.

(55) summa illa dilectio in illa summi boni fruitione, que vera est beatitudo nostra, summum hominis bonum recte sit dicenda: *ibid.*, 2453–2455.

(56) Aristoteles, *op. cit.*, A 10, 1099b16–17.

(57) ut enim vos sicut et nos hic vivere iuste disponimus, ut illic glorificemur, et hic contra vitia pugnamus, ut meritis virtutum illic coronemur summum illud scilicet bonum pro mercede adepti: Petrus Abaelardus, *op. cit.*, 1717-1720.

(58) Ecce ad hoc disputatio nostra perducta est, ut summum hominis bonum sive ipsum, ut dictum est, finem boni future vite beatitudinem et, qua illuc pervenitur, viam virtutes ponamus: *ibid.*, 1665–1668.

(59) Boethius, *De differentiis topicis* 2 (PL 64, 1189D).

(60) Alioquin virtutem finem, id est causam finalem, non bene constitueremus beatitudinem: Petrus Abaelardus, *op. cit.*, 1703–1705.

(61) Non utique in re conspecta, sed in modo conspiciendi est diversitas, ut, quo melius intelligitur Deus, beatitudo nostra in eius visione augeatur: *ibid.*, 2510–2512.

(62) terrenorum intentio commodorum removetur: *ibid.*, 1703.

(63) Cum itaque vel celum vel regnum celorum futuram beatitudinem audis appellari sublimitatem future vite magis quam corporalem celi positionem intellige: *ibid.*, 2838–2840.

(64) Omnis doctrina vel rerum est vel signorum, sed res per signa discuntur: Augustinus, *De doctrina christiana* I, 2, 2.

(65) *Ibid.*, I, 3, 3.

(66) Id ergo in rebus considerandum est, ut in eodem Augustinus ait, quod res aliae sunt quibus fruendum est, aliae quibus utendum est, aliae quae fruuntur et utuntur. Illae quibus fruendum est, nos beatos faciunt; istis quibus utendum est, tendentes ad beatitudinem adiuvamur et quasi adminiculamur, ut ad illas res quae nos beatos faciunt, pervenire eisque inhaerere possimus ... Res vero quae fruuntur et utuntur, nos sumus, quasi inter utrasque constituti: Petrus Lombardus, *Sententiae in IV Libris distinctae* I d. 1 c. 2, 1 et 2. Cf. H. Kleber, *Glück als Lebensziel. Untersuchungen zur Philosophie des Glücks bei Thomas von Aquin*, Münster 1988, S. 19–28; R. Guindon, *Béatitude et Théologie morale chez saint Thomas d'Aquin. Origines — Interprétation*, Ottawa 1956, pp. 30–39.

(67) Petrus Lombardus, *Sententiae in IV Libris distinctae* I d. 38 cc. 1–3.

(68) Quare rationalis creatura facta sit. Et quia non valet eius beatitudinis particeps existere aliquis nisi per intelligentiam, quae quanto magis intelligitur, tanto plenius habetur, fecit Deus rationalem creaturam, quae summum bonum intelligeret, et intelligendo amaret, et amando possideret, et possidendo frueretur: *ibid.*, II d. 1 c. 4.

(69) *Aristoteles Latinus* XXVI 1–3, fasciculus 1–5: *Ethica Nicomachea*, Leiden 1972–1974; G. Wieland, *Ethica — Scientia practica. Die Anfänge der philosophischen Ethik im 13. Jahrhundert*, Münster 1981, S. 130–220.

(70) Non legant in festivis diebus nisi philosophos et rhetoricas, et quadruvialia, et *barbarismum*, et *ethicam*, si placet, et quartum *topichorum*: Robertus (de Courçon), 1215, mense Augusto, in: H. Denifle (ed.), *Chartularium Universitatis Parisiensis*, I, Paris 1899/Bruxelles 1964, n. 20, p. 78.

(71) Cl. Vansteenkiste, Das erste Buch der Nikomachischen Ethik bei Albertus Magnus, in: G. Meyer und A. Zimmermann (Hgg.), *Albertus Magnus Doctor Universalis 1280/1980*, Mainz 1980, S. 373–384; R. Guindon, *op. cit.*, pp. 114–145.

(72) E. Schockenhoff, *Bonum hominis. Die anthropologischen und theologischen Grundlagen der Tugendethik des Thomas von Aquin*, Mainz 1987, S. 21–27. Cf. H. Kleber, *op. cit.*; R. Guindon, *op. cit.*, pp. 149–310.

(73) in divisione philosophiae habetur respectus ad finem beatitudinis, ad quem tota humana vita ordinatur: ut enim dicit Augustinus XIX de civitate Dei ex verbis Varonis: 'Nulla est homini alia causa philosophandi nisi ut beatus sit': Thomas Aquinas, *In Boethii De Trinitate* q. 5 a. 1 ad 4.

(74) Id., *Summa theologiae* (=*S. th.*) I–II qq. 2–5. Cf. W. Kluxen, *Philosophische Ethik bei Thomas von Aquin*, Mainz 1964, Kap. 7–9; id., Glück und Glücksteilhabe. Zur Rezeption der aristotelischen Glückslehre bei Thomas von Aquin, in: G. Bien (Hg.), *Die Frage nach dem Glück*, Stuttgart-Bad Cannstatt 1978, S. 77–91.

(75) beatitudo nominat adeptionem ultimi finis: Thomas Aquinas, *S. th.* I–II q. 1 a. 8 ad obi.

(76) beatitudo dupliciter potest considerari. Uno modo, secundum communem rationem beatitudinis. Et sic necesse est quod omnis homo beatitudinem velit: *ibid.*, I–II q. 5 a. 8 c.

(77) Beatitudo ergo potest considerari sub ratione finalis boni et perfecti, quae est communis ratio beatitudinis: et sic naturaliter et ex necessitate voluntas in illud tendit: *ibid.*, I–II q. 5 a. 8 ad 2.

(78) Alio modo possumus loqui de beatitudine secundum specialem rationem, quantum ad id in quo beatitudo consistit. Et sic non omnes cognoscunt beatitudinem: quia nesciunt cui rei communis ratio beatitudinis conveniat: *ibid.*, I–II q. 5 a. 8 c.

(79) ultimus autem finis habet rationem primi principii: *ibid.*, I–II q. 1 a. 6 c.; cf. *ibid.*, I–II q. 5 a. 6 ad 1.

(80) Bonum autem conveniens, si quidem sit perfectum, est ipsa hominis beatitudo: si autem sit imperfectum est quaedam beatitudinis participatio, vel propinqua, vel remota vel saltem apparens: *ibid.*, I–II q. 2 a. 6 c.

(81) beatitudo est aliquid animae; sed id in quo consistit beatitudo, est aliquid extra animam: *ibid.*, I–II q. 2 a. 7 c.

(82) Beatitudo enim est bonum perfectum, quod totaliter quietat appetitum: ... Ex quo patet quod nihil potest quietare voluntatem hominis, nisi bonum universale. Quod non invenitur in aliquo creato, sed solum in Deo: quia omnis creatura habet bonitatem participatam: *ibid.*, I–II q. 2 a. 8 c.

(83) Appetitus autem humanus, qui est voluntas, est boni universalis: *ibid.*, I–II q. 2 a. 7 c.

(84) procedit usque ad ipsum universalem fontem boni, qui est universale obiectum beatitudinis omnium beatorum, tanquam infinitum et perfectum bonum existens: *ibid.*, I–II q. 2 a. 8 ad 1.

(85) Universitas autem creaturarum, ad quam comparatur homo ut pars ad totum, non est ultimus finis, sed ordinatur in Deum sicut in ultimum finem. Unde bonum universi non est ultimus finis hominis, sed ipse Deus: *ibid.*, I–II q. 2 a. 8 ad 2.

(86) Deus est beatitudo per essentiam: *ibid.*, I–II q. 3 a. 1 ad 1; in Deo est beatitudo per essentiam: quia ipsum esse eius est operatio eius, qua non fruitur alio, sed seipso: *ibid.*, I–II q. 3 a. 2 ad 4.

(87) Est enim beatitudo ultima hominis perfectio. Unumquodque autem intantum perfectum est, inquantum est actu: nam potentia sine actu imperfecta est. Oportet ergo beatitudinem in ultimo actu hominis consistere. Manifestum est autem quod operatio est ultimus actus operantis: *ibid.*, I–II

q. 3 a. 2 c.

(88) Est tamen aliqua participatio beatitudinis; et tanto maior, quanto operatio potest esse magis continua et una. Et ideo in activa vita, quae circa multa occupatur, est minus de ratione beatitudinis quam in vita contemplativa, quae versatur circa unum, idest circa veritatis contemplationem: *ibid.*, I–II q. 3 a. 2 ad 4.

(89) in corporalibus bonis beatitudo hominis non consistit: quae tamen sola per operationem sensus attingimus: *ibid.*, I–II q. 3 a. 3 c.

(90) Proprium autem obiectum intellectus est verum. Quidquid ergo habet veritatem participatam, contemplatum non facit intellectum perfectum ultima perfectione. Unde relinquitur quod solus Deus sit veritas per essentiam, et quod eius contemplatio faciat perfecte beatum: *ibid.*, I–II q. 3 a. 7 c.

(91) Ad perfectam igitur beatitudinem requiritur quod intellectus pertingat ad ipsam essentiam primae causae. Et sic perfectionem suam habebit per unionem ad Deum sicut ad obiectum, in quo solo beatitudo hominis consistit: *ibid.*, I–II q. 3 a. 8 c.

(92) exaltatio hominis usque ad coniunctionem cum Deo: *ibid.*, I–II q. 4 a. 7 ad 1.

(93) omnis intellectus naturaliter desiderat divinae substantiae visionem: id., *Summa contra Gentiles* III, 57, n. 2334; quamvis naturale sit intellectui humano quod quandoque ad visionem divinae essentiae perveniat: id., *De veritate* q. 13 a. 3 ad 6.

(94) rectitudo voluntatis requiritur ad beatitudinem et antecedenter et concomitanter. Antecedenter quidem, quia rectitudo voluntatis est per debitum ordinem ad finem ultimum: id., *S. th.* I–II q. 4 a. 4 c.

(95) Finis autem comparatur ad id quod ordinatur ad finem, sicut forma ad materiam: *ibid.*

(96) caritas non quaerit bonum dilectum propter delectationem: sed hoc est ei consequens, ut delectetur in bono adepto quod amat. Et sic delectatio non respondet ei ut finis, sed magis visio, per quam primo finis fit ei praesens: *ibid.*, I–II q. 4 a. 2 ad 3.

(97) Unde Philosophus, in I *Ethic.*, ponens beatitudinem hominis in hac vita, dicit eam imperfectam: *ibid.*, I–II q. 3 a. 2 ad 4; Et quia beatitudo huius vitae amitti potest, quod videtur esse contra rationem beatitudinis; ideo Philosophus dicit, in I *Ethic.*, aliquos esse in hac vita beatos, non simpliciter, sed *sicut homines*, quorum natura mutationi subiecta est: *ibid.*, I–II q. 5 a. 4 c.

(98) subdit (Philosophus) quod tales dicimus beatos sicut homines, qui in hac vita mutabilitati subjecti, non possunt perfectam beatitudinem habere. Et quia non est inane naturae desiderium, recte existimari potest, quod reservatur homini perfecta beatitudo post hanc vitam: id., *In I Ethicorum* l. 16, n. 202.

(99) Homines autem consequuntur ipsam multis motibus operationum, qui merita dicuntur. Unde etiam, secundum Philosophum, beatitudo est praemium virtuosarum operationum: id., *S. th.* I–II q. 5 a. 7 c. Cf. Aristoteles, *op. cit.*, I 9, 1099 b16.

(100) Bona autem praesentis vitae transitoria sunt cum et ipsa vita transeat, quam naturaliter desideramus, et eam perpetuo permanere vellemus, quia naturaliter homo refugit mortem. Unde impossibile est quod in hac vita vera beatitudo habeatur: Thomas Aquinas, *S. th.* I–II q. 5 a. 3 c.

(101) Ostensum est autem quod per sensibilia non potest deveniri in cognitionem substantiarum separatarum, quae sunt supra intellectum humanum. Unde relinquitur quod ultima hominis beatitudo non possit esse in consideratione speculativarum scientiarum: *ibid.*, I–II q. 3 a. 6 c.

(102) ultima et perfecta beatitudo, quae expectatur in futura vita, tota consistit in contemplatione. Beatitudo autem imperfecta, qualis hic haberi potest, primo quidem et principaliter consistit in contemplatione: secundario vero in operatione practici intellectus ordinantis actiones et passiones humanas: *ibid.*, I–II q. 3 a. 5 c.

(103) Unde Augustinus, XXII *De civ. Dei*, introducit verba Porphyrii dicentis quod *ad hoc quod beata sit anima, omne corpus fugiendum est.* — Sed hoc est inconveniens. Cum enim naturale sit animae corpori uniri, non potest esse quod perfectio animae naturalem eius perfectionem excludat: *ibid.*, I–II q. 4 a. 6 c. Cf. Augustinus, *De civitate Dei* 22, 26.

(104) ex beatitudine animae fiet redundantia ad corpus: Thomas Aquinas, *S. th.* I–II q. 4 a. 6 c.

(105) ad beatitudinem imperfectam, qualis in hac vita potest haberi, requiruntur exteriora bona, non quasi de essentia beatitudinis existentia, sed quasi instrumentaliter deservientia beatitudini, quae consistit in operatione virtutis ... Sed ad beatitudinem perfectam, quae in visione Dei consistit, nullo modo huiusmodi bona requiruntur: *ibid.*, I–II q. 4 a. 7 c.

(106) si loquamur de felicitate praesentis vitae, ... felix indiget amicis ... propter bonam operationem, ut scilicet eis benefaciat, et ut eos inspiciens benefacere delectetur, et ut etiam ab eis in benefaciendo adiuvetur: *ibid.*, I–II q. 4 a. 8 c.

(107) homo habet totam plenitudinem suae perfectionis in Deo: *ibid.*

(108) Sed supposito proximo, sequitur dilectio eius ex perfecta dilectione Dei: *ibid.*, I–II q. 4 a. 8 ad 3.

(109) Unde quasi concomitanter se habet amicitia ad beatitudinem perfectam: *ibid.*

(110) beati dicuntur aliqui in hac vita, vel propter spem beatitudinis adipiscendae in futura vita ... vel propter aliquam participationem beatitudinis, secundum aliqualem summi boni fruitionem:

ibid., I–II q. 5 a. 3 ad 1.

(111) istam quaestionem movet Philosophus in X *Ethic.*, et eam insolutam dimittit: *ibid.*, I–II q. 4 a. 2 c. Cf. Aristoteles, *op. cit.*, X 11, 1175a18.

(112) vera ratio beatitudinis, consideratur ex obiecto, quod dat speciem actui, non autem ex subiecto: Thomas Aquinas, *S. th.* I–II q. 5 a. 3 ad 2; naturaliter desideratur non solum perfecta beatitudo, sed etiam qualiscumque similitudo vel participatio ipsius: *ibid.*, I–II q. 3 a. 6 ad 2.

(113) Et tamen erit in illa beatitudine omnium bonorum congregatio, quia quidquid boni invenitur in istis, totum habebitur in summo fonte bonorum: *ibid.*, I–II q. 4 a. 7 ad 2.

(114) Cf. *ibid.*, I–II q. 5 a. 8 c.（註（77）と（78）参照）

(115) comprehensio dicitur dupliciter. Uno modo, inclusio comprehensi in comprehendente: et sic omne quod comprehenditur a finito, est finitum. Unde hoc modo Deus non potest comprehendi ab aliquo intellectu creato. Alio modo comprehensio nihil aliud nominat quam tentionem alicuius rei iam praesentialiter habitae: ... et hoc modo comprehensio requiritur ad beatitudinem: *ibid.*, I–II q. 4 a. 3 ad 1.

(116) Quod autem homo perfecti boni sit capax, ex hoc apparet, quia et eius intellectus apprehendere potest universale et perfectum bonum, et eius voluntas appetere illud. Et ideo homo potest beatitudinem adipisci: *ibid.*, I–II q. 5 a. 1 c.

(117) ultima beatitudo Sanctis praeparata, excedit intellectum hominis et voluntatem: *ibid.*, I–II q. 5 a. 5 Sed contra; cum autem beatitudo excedat omnem naturam creatam, nulla pura creatura convenienter beatitudinem consequitur absque motu operationis, per quam tendit in ipsam: *ibid.*, I–II q. 5 a. 7 c.

(118) Videre autem Deum per essentiam est supra naturam non solum hominis, sed etiam omnis creaturae ... Unde nec homo, nec aliqua creatura, potest consequi beatitudinem ultimam per sua naturalia: *ibid.*, I–II q. 5 a. 5 c.

(119) Nullus potest ad beatitudinem pervenire, nisi habeat rectitudinem voluntatis: *ibid.*, I–II q. 4 a. 4 c.

(120) Cf. *ibid.*, I–II q. 5 a. 7 c. (註(99)参照)

(121) sed ultimum finem consequitur per ipsum primum agentem, qui est Deus: *ibid.*, I–II q. 5 a. 6 ad 1.

(122) (natura) dedit ei liberum arbitrium, quo possit converti ad Deum, qui eum faceret beatum. *Quae enim per amicos possumus, per nos aliqualiter possumus*, ut dicitur in II *Ethic.*: *ibid.*, I–II q. 5 a. 5 ad 1; cf. Aristoteles, *op. cit.*, III 13, 1112b27.

(123) Et quia huiusmodi beatitudo proportionem humanae naturae excedit, principia naturalia hominis, ex quibus procedit ad bene agendum secundum suam proportionem, non sufficiunt ad ordinandum hominem in beatitudinem praedictam. Unde oportet quod superaddantur homini divinitus aliqua principia, per quae ita ordinetur ad beatitudinem supernaturalem ... Et huiusmodi principia virtutes dicuntur theologicae: Thomas Aquinas, *S. th.* I–II q. 62 a. 1 c.

(124) Cf. *ibid.*, I–II q. 63 a. 3 c.; *ibid.*, I–II q. 63 a. 4 c.

(125) Quod quidem suave iugum super se tollentibus refectionem divinae fruitionis repromittit, et sempiternam requiem animarum. Ad quam nos perducat ipse qui promisit, Iesus Christus Dominus noster, qui est super omnia Deus benedictus in saecula. Amen: *ibid.*, II–II q. 189 a. 10 ad 3.

(126) Quia salvator noster dominus Iesus Christus, teste angelo, populum suum salvum faciens a

peccatis eorum, viam veritatis nobis in seipso demonstravit, per quam ad beatitudinem immortalis vitae resurgendo pervenire possumus: *ibid.*, III prologus.

(127) 157. Quod homo ordinatus quantum ad intellectum et affectum, sicut potest sufficienter esse per virtutes intellectuales et alias morales, de quibus loquitur philosophus in Ethicis, est sufficienter dispositus ad felicitatem eternam: H. Denifle (ed.), *op. cit.*, I, p. 552 (ed. Mandonnet: nr. 171).

(128) 176. Quod felicitas habetur in ista vita, et non in alia: *ibid.*, p. 553 (ed. Mandonnet: nr. 172).

(129) 22. Quod felicitas non potest a Deo immitti inmediate: *ibid.*, p. 545 (ed. Mandonnet: nr. 173).

(130) 21. Quod beatitudo nostra dependet ex operibus nostris: Aegidius Romanus, *Errores philosophorum* c. 7, 21 (Avicenna) (ed. J. Koch–J. Riedl).

(131) 22. Quod beatitudo nostra consistit in cognitione ultimae intelligentiae: *ibid.*, c. 7, 22 (Avicenna).

(132) 8. Quod nulla bonitas in nobis est immediate a Deo: *ibid.*, c. 9, 8 (Algazel).

(133) E. Stadter, *Psychologie und Metaphysik der menschlichen Freiheit. Die ideengeschichtliche Entwicklung zwischen Bonaventura und Duns Scotus*, München 1971, S. 321–343.

(134) Dico igitur ad quaestionem, quod beatitudo simpliciter est essentialiter et formaliter in actu voluntatis, quo simpliciter et solum attingitur bonum optimum quo fruatur: Johannes Duns Scotus, *Reportata Parisiensia* IV d. 49 q. 2 n. 20 (ed. Wadding-Vivès XXIV, p. 630a); Si autem ambae potentiae concurrunt ad beatitudinem, sic illa, quae est principalior potentia, habet principaliter beatitudinem, et sic voluntas magis quam intellectus. Si autem accipias secundum aliam ultimationem, sic tantum voluntas ultimate beatificatur: *ibid.*, q. 3 n. 7 (XXIV, p. 634a). Cf. B. M. Bonansea, *Man and His Approach to God in John Duns Scotus*, Lanham 1983, pp. 80–89.

(135) A. B. Wolter, *Duns Scotus on the Will and Morality*, Washington 1986, pp. 42–45, 182–197. Respondeo, quod nec necessario volo beatitudinem, nec necessario nolo miseriam: *ibid.*, p. 193; Si autem quaestio quaerat de appetitu voluntatis prout est actus elicitus, sic dico quod non oportet quod voluntas appetat quidquid appetit propter finem ultimum ut propter beatitudinem. Potest enim appetere aliquid et non propter beatitudinem negative et contrarie: *ibid.*, p. 194.

(136) Swenne diu sêle dar inne lebet, dâ si gotes bilde ist, sô hât si geburt; in dem liget rehtiu einunge; daz enkunnen alle crêatûren niht gescheiden. ... Daz ist rehtiu einunge, dâ liget rehtiu saelicheit. Etlîche meister suochent saelicheit in vernünfticheit. Ich spriche: saelicheit enliget noch an vernünfticheit noch an willen, mêr: dar obe, dâ liget saelicheit, dâ saelicheit liget als saelicheit, niht als vernünfticheit, und got liget als got und die sêle liget, als si gotes bilde ist. Dâ ist saelicheit, dâ diu sêle got nimet, als er got ist: Meister Eckhart, *Predigt* 43: Adolescens, tibi dico: surge, *Die deutschen Werke* II, Stuttgart 1971, S. 329, 3–330, 2.

(137) malum nihil aliud est quam facere aliquid ad cuius oppositum faciendum aliquis obligatur. Quae obligatio non cadit in Deo, quia ipse ad nihil faciendum obligatur: William Ockham, *Reportatio* II q. 3–4 (*OTh* V, 59).

(138) ut sic semper contingenter Deus et libere et misericorditer et gratia sua beatificat quemcumque; ut ex puris naturalibus nemo possit mereri vitam aeternam: id., *Ord.* I d. 17 q. 1 (*OTh* III, 454).

(139) Quia si sint duo aequales in omnibus naturalibus et omnibus habitibus supernaturalibus et actibus, potest primum acceptare et alium reprobare, licet non de potentia ordinata: id., *Quaestiones variae* I (*OTh* VIII, 22).

［訳：村井則夫］

（初出：国際高等研究所（International Institute for Advanced Studies）国際シンポジウム
「Conditions of Happiness」（一九九三年三月、京都）における講演原稿に加筆
原題「The Concept of Beatitude in Medieval Thought」）

トマス・アクィナスにおける言葉

一　言語の文化としての中世

　中世の学問と文化とにおいて、言葉はたんなる伝達手段にとどまるものではない。言葉はあらゆる知にとってその源泉、規範、場、主題にほかならなかった。言葉との関わりは、特に「読む（lectio）」という行為を通じて実行された。lectioは、ベネディクト会系の修道院文化の中では瞑想のための「霊的読書（lectio divina）」として、学問の場では権威ある書物の「講読」として行われたが、特に十二世紀初頭以来lectioの伝統は、一方では使徒的生活（ウィタ・アポストリカ）を標榜する福音的革新運動を通じて説教へと開花し、他方では都市における学校の成立と大学への発展の中で討論という方式を生み出した。ここに、宣教と、真理を求めての論証とが、言葉の働きの新たな次元として発見されたのである。言葉にはまた、その意味内容という観点から見ると、聖書の言葉の解釈において教父の伝統に従い、字義的・歴史的な意味、道徳的・寓意的意味、救済史的・キリスト論的意味、奥義的・秘跡的意味といった諸段階が帰せられた。このように重層化された聖書の意味は、人間の生を構成する意味領域の全体を網羅するものとなる。一方、教育制度という点から見ると、文法、修辞学、弁証論（論理学）という言葉に関わる三学が、数学的・自然学的な四科を凌いで中心的な位置を占めていた。また、十三世紀に至るまでは哲学も、法学、医学、自然諸学などの個別諸科学も、専ら古代の著作家たちに依拠していた。つまり、大学における講読は権威ある著作を下敷きとして進められたのである。まず、テクストの「字句（littera）」から出発し、その「意味（sensus）」を明らかにしたのち、「見解（sententia）」が示される。そして、このような諸見解が「命題（sententia）」として集められ、註解されて、一個の知の全体が形成されるのである。しかしまた、このような書かれた、あるいは語られた言葉との多様な関わりは、言葉そのものの構造の分析がともなっていた。その内容は、まずカロリング・ルネサンス期においては文法研究と古代のテクストの確定の作業であったが、十一世紀以降は主にボエティウス（Boethius 四七五／八〇～五二四年頃）によるアリストテレスの『カテゴリー論 Categoriae』と『命題論 De interpretatione』の翻訳、すなわち「旧論理学」にもとづく論理学の研究が中心となるとともに、修辞学と詩学の教科書が著され、形式論理を超える言葉の次元が主題化された。しかしそのなかで、十二世紀の普遍論争では、言語の自己完結性、および古典に依拠した伝統への従属を打ち破って、現実そのものを認識しようとする試みが芽生えている。つまり、実念論者は言語を通じて、唯名論者は言語が現実を遮る壁を取り崩して、現実に到達しようとしたのである。

十三世紀の言語理解は、その一面においてはたとえば「表示様態（modi significandi）」や「辞項の特性（proprietates terminorum）」についての諸論考に見られるように、十二世紀の論理学研究を引き継ぎ、十三世紀後半および十四世紀の論理学と「思弁的文法論（grammatica speculativa）」の諸体系への道を開くものであるが、他方では、アウグスティヌス（Augustinus　三五四～四三〇年）とアリストテレスの影響が重なり合うことにより、精神的な現実としての言葉に対する存在論的な関心を示すようになる。言葉のこのような精神形而上学的な側面が主題化されるのは、神および人間の「内的言葉」の理論においてであり、特に「内的言葉」の事物に対する創造的な、あるいは表出的な関係について考察される際においてである。また、これと並んで、特にディオニュシオス・アレオパギテス（Dionysios Areopagites　五〇〇年頃）、およびモーセス・マイモニデス（Moses Maimonides　一一三五～一二〇四年）の否定神学との生産的な対決を通じて、神についての神学的な語りの構造への学問論的反省が生まれ、言語理解の全体に実り豊かな結実をもたらしたのである。

二　トマス思想の言語哲学的基礎

トマス・アクィナス（Thomas Aquinas　一二二五～七四年）は、聖書などの伝承された言葉を規範として形成された中世の修道院文化の中で育ったが、他方では言葉についての学問的・論理的な考察の方法も早いうちから身に付けていた。彼は、ナポリ大学で七自由学芸を学ぶ若い学生であった頃、すでにヒベルニアのペトルス（Petrus de Hibernia）のもとでアリストテレスの「新論理学」に親しんでいたと思われる。パリとケルンでの修学時代には、彼はアルベルトゥス・マグヌス（Albertus Magnus　一一九三／一二〇〇～八〇年）からアリストテレスの論理学的著作群（オルガノン）についての講義を受け、ディオニュシオス・アレオパギテスの『神名論 De divinis nominibus』への彼の註解を学んだ。また、おそらくその後パリで教師として活躍し始めたころに、彼はペトルス・ヒスパヌス（Petrus Hispanus　一二〇五以前～七七年）の『論理学綱要 Summulae logicales; Tractatus』（一二五〇年前後）を知ったと思われる。トマスは自らアリストテレスの『命題論』と『分析論後書 Analytica posteriora』の註解(1)を著した。また、すでにその初期著作『存在者と本質について De ente et essentia』や『自然の諸原理について De principiis naturae ad fratrem Sylvestrum』において、言語使用を手引きとした概念分析の手法を存在論的な問題の考察の中に導入している。一方、彼の神学的著作においても言語的・論理的区別を活用することを通じて実質的問題の解明が図られることは、けっして珍しいことではない。

三　言葉に対する実在の優位

外的な、あるいは内的な言葉について、文法学や論理学が構造的な分析を行うことが可能であり、また伝承された命題をその歴史的地平の中に戻して解釈することが可能だということは、トマスにとっても伝統にもとづいて周知のことであった。しかし、言葉特有の機能は、思考において思念された実在を記号的に現前化することにあるのであり、それゆえトマスが言葉に携わるとき、その目的は端的に実在の認識に役立てるというところにあった。このため、彼はたんなる言葉をめぐる論争や、言語表現への過度の気遣いを無用なものとして斥け(2)、さらには書き言葉として固定化された言葉が、実在との生き生きとした接触から引き離されたときの限界を認識していた。トマスは、キリストはこの限界のゆえに自らはただ語られる言葉のみを用いたのだ、と述べている(3)。また、いくら権威として認められた著作家であっても、彼らのテクストの解釈はひとえにそこに見出される真理のみに着目して行われなければならず(4)、同様に哲学の歴史も真理へ向かう歩みとして、真理という観点から読解すべきなのである(5)。聖書の言葉の霊的な解釈が字義的な意味を超えて飛躍していく場合に、トマスはそれを学としての神学からは排除する。なぜなら、このような解釈には言葉それ自体が表示する現実にもとづいた認識や証明力が具わっていないからである(6)。トマスはまた、言語の構造、つまり「表示様態（modus significandi）」と、実在の内容、つまり「表示されるもの（id quod significatur）」とを原理的に区別し(7)、知や学問においては「事物の真理」、つまり「事物自体がいかにあるか」ということこそが問題なのだということを強調している(8)。

このようにして外的な言葉から固有の価値がまったく取り去られると、それはかえって認識の担い手として実在に対して透明なものとなる。というのは、外的な言葉はその独自の構造にもとづいて実在を表示することができるようになるのではなく、実在へと一致する認識を媒介としてのみ実在を表示しうるからである。したがって、言語の構造は認識の構造にもとづいて形成されるが、認識の構造は直接には人間の感覚的・理性的な本質構成から規定される。一方、認識の構造の感覚的世界への存在論的対応関係は、このような人間の本質構成を介した間接的なものである。つまり、人間の本性はこの感覚的世界に適合するものとして構成されたものなのである。「あるものは、われわれにより、知性で認識されうるのに従って、われわれによって名づけられうる[9]」。

このように言葉と実在とが明確に区別され、またそれにともなって志向性が実在への開かれた関係として主題化されると、言葉はかえって再びそれ自体として考察されるべき実在として浮かび上がってくることになる。というのは、たんに感覚的対象だけではなく、知性の普遍的に開かれた視野に対応して、知性が思惟しうるあらゆる現実が、実在つまり「もの(res)」と言われるからである。しかし、さまざまな学問のなかでもとりわけ神学こそが、言葉に取り組むことをその課題とする学である。なぜなら、まさに人性において書かれた[10]「神の御言葉」にほかならないキリストは「われわれの知恵の始源、根源[11]」であり、また「救いに達するためには、事物の真理に関する信仰のみならず、声に出された言葉によって表明される告白もまた必要だからである[12]」。つまり、自らを伝える神の言葉を受け入れることができるのは、神の呼びかけに応答する信仰からの発話行為のみなのである。

四　外的な言葉

　言葉とは何か、という問いの出発点は、「外的な言葉（verbum exterius）」である。「われわれの場合、より明白に、またより一般的に言葉と呼ばれるのは、声に出して発せられる言葉である[13]」。しかし、外的に発声されるこの構造化された音声は、「魂の中にある様態を表するし[14]」にほかならない。つまり、外的な言葉は「知性がもつ概念を表示する[15]」が、このとき表象力は音声を分節化された形状に構成し、概念の内に思念される意味はこの音声の中に受肉するのである。「音声は、表象から発する[16]」。表象力は自らの働きによって可感的形相を形成するが、この点で表象力の形成する「形相は、知性の（形成する）言葉になんらか似たものである[17]」。表象力がもつ構成機能による媒介を通じて、精神的な意味内容が感覚的に表出されるのであり、詩的言語の起源はおそらくこのところにあると思われる。また、外的な言葉の構造、つまり表層文法は言語や文化によって異なったものでありうるが、内的な概念は、純粋に知性的な理解に具わる形式であるから、その構造は人間の精神にとって本質的であって、ゆえに不可変的であり、万人にとって共通なのである。

　外的な言葉は事物を表示するが、この表示の働きはこの事物を思念する「知性の概念作用（conceptio intellectus）が媒介することによって[18]」のみ可能である。事物そのものを直接に思念し現前化しうるのは、知性的概念把握だけだからである。したがって、確かに「言葉」

というものはまず言語的表現を通じて知られるようになるとはいえ、より本来的、根源的な意味で「言葉」であるもの、つまり事物を現前化させるものは、内的な概念にほかならない。「それゆえ、第一に、そして根本的に言葉であると言われるのは、精神の内的な概念(interior mentis conceptus)である[19]」。この結果、言葉と概念と事物との関係は、アリストテレスに従って次のように定式化される。「音声は知解のしるしであるが、知解は事物の類似である[20]」。

内的な言葉においては、事物そのものがその真理に従って現前しているが、それは事物の実在性そのものに即しての現前ではなく、それが認識されている限りにおける現前である。したがって、このような現前ないし志向性は、事物自体とは区別される独自の次元を成す。「思念(志向)(intentio)は、知解されている事物についての、知性において把捉されるなんらかの類似である[21]」。志向性と事物とのこのような差異は、この二つの次元に向けられた認識の働きの差異に対応している。「事物を知解することと、知解された思念(志向)(intentio intellecta)そのものを知解することとは、別のことである。後者は、知性が自らの働きを反省する際に行うことである[22]」。それゆえ、内的な言葉は、それが概念であれ、また判断であれ事物の[23]「類似[24](similitudo)」ないし「表現・現前化[25](repraesentatio)」であり、また事物を「表現するもの・現前させるもの[26](repraesentativum)」である。つまり、概念においては思念されるものの本質が現前化され、判断の「である」という言明においては思念されるものの存在がその真理を開示する。ここで現実と認識、すなわち「もの

(res)」と「理解（ratio）」とは照応し合い、志向性の媒介を通じて内容において合致するのである。

しかし、内的な言葉の本質は内的な理解の働きに尽きるものではない。内的な言葉に含まれる理解の働きは、この理解が外的に表明されることへと向けられている。「観念（ratio）というのは、たとえそれを通じて外部になにか生じることがなくても、精神が抱く概念(conceptum mentis)を、それが精神の内にあるものである限りにおいて、固有に名づけるものである。これに対し、言葉（verbum）というときには、外のものへの関係が表示される[27]」。言葉は、「言表や……考えの表明[28]」を目指すものである限り、伝達や交流に役立てられるためのものなのである。

五　言語的交流

人間の生は、とりわけその精神的、文化的次元において相互の援助を必要とするが、精神的なものの交換は言語的交流を介して行われる。したがって、言語は人間の生にとって不可欠のものである。「人間にはまた、話し言葉の使用（loquelae usus）が授けられた。これを役立てることによって、ある人が精神によって把捉する（concipit）真理を他の人に明らかにするということが可能になるのである。このようにして、人間は真理の認識において、生活に必要な他の事柄においてと同様に互いに助け合う。人間は〈本性的に社会的な動物〉だからである[29]」。人間同士が交流し合うとき、その主眼は実在の真理について互いに了解し合うことに向けられている。なぜなら、ただこのことのみが対話者にとって共通の関心事であり、実存的意味をもっていることだからである。「君が何を意志しているか、あるいは君が何を認識しているかということを認識することは、私の知性を完成させることには繋がらない。私の知性を完成させることに繋がるのは、事物の真理がいかなるものであるかということを認識することだけである[30]」。

トマスは言語的交流の構造を、天使の言語についての理論を展開する中で提示しているが[31]、このことからはトマスが「語る」という働きに対して、有限的精神にとっての本質的な精神的行為という高い地位を与えていることが窺われる。なぜなら、天使に帰属せしめられるあらゆる特質の本質構造は、有限的精神そのものに開かれた最高の可能性にもとづいて展開されたものだからである。そして、この可能性はそもそも、人間の精神の活動の根底にあって、それを可能にする根源として自覚されたものにほかならない。

純粋な自己同一性を求めて内面化していく運動は、認識としての精神に固有なものである一方で、自らを外に向かって表し、他のものとの関係に入ることは、意志の特質である。意志は精神を動かして、まず最初に、知を記憶の内にハビトゥス（習態）として所持された状態から、内的な言葉における現実の思惟へと引き上げさせる。つまり、このとき精神は「内的に概念を作りつつ（interius concipiendo）自らに語る[32]」のである。こうしてから、意志は内的な言葉において語り出されたことを他者に伝えるように、すなわち他者と言語的に交わるように、精神を動かす[33]。「他者に語るということは、精神に抱かれた概念（conceptus mentis）を他者に対して表明することにほかならない[34]」。

しかし、言語的な伝達の本質は、第一義的には記号を介して外に対する表示を行うという点にあるのではなく、むしろある人格が他の人格そのものに対して意志的に関わるということにある。ゆえに、他者に対して語るとき、意志はこの他者をそれ自身真理へと向かう者として肯定し、彼を自らが認識した真理に参与させるのである。「天使の精神が抱く概念が、他者に対して明らかにされるようにとこの天使の意志によって仕向けられるとき、このことによって一方の天使の抱く概念が、他方の天使に知られるようになる。つまり、一方の天使が他方の天使に語るのは、このようにしてなのである[35]」。したがって、語ることにおける意志の機能は、概念に外的な言葉という記号を与えることには限られない。これは、意志の交流にとってせいぜい二次的な要素にすぎず、それが必要なのは人間同士のあいだにおいてのみであり、天使のあいだにおいては不要なのである[36]。この交流において、語りかける者の意志は真理を作り出すのではなく、特定の他者を照射して、自らが得た特定の認識を受け取るように彼を呼び覚ます。言い換えれば、意志は彼に向けて自らを真理の担い手、媒介者となすのである。「一方の天使の精神が抱く概念は、概念の持ち主である彼が自らの意志によってこの概念を他方の天使に宛てて差し向けることを通じて、他方の天使によって了解される。……そして、ある天使が抱く概念が（他の）あるひとりの天使によって（のみ）認識され、これ以外の天使によっては認識されないということが可能になるのは、このためなのである」[37]。つまり、ペルソナは自由な存在者であって、自己とその活動を自らのものとして所有しているため[38]、自らの知を「内に留めておくことも、あるいは外へと差し向けることもできる[39]」のである。とはいえ、交流への意志の最終的な原動力は、まさに「真理」を内的に所有しているということから発してくる。なぜなら、真理はその普遍性のゆえに、あらゆる認識者による相互主観的な承認を迫るものだからである。「(知性的能力は)何事かを吟味を受けたものとして確実だと見なすと、そこから次にこのことをいかにして他者に対して表明することができるかを考えるのであり、これが〈内的に話す〉(interior sermo)という状態である。〈外的な語り〉(exterior locutio)はここから発する[40]」。

しかし、交流は相互的なものであるから、それはたんに何かを他者に対して能動的に伝達するということに尽きるのではなく、他者に向かって問いかけ、他者の言葉を受け取り、理解するということでもある。それゆえ、意志が交流のための能力であるとすれば、それは同時に聴くための能力、真理を探求するための能力、相手の意志を人格的に受容するための能力でもあることが明らかとなる。そしてこの意味において、たとえば神に祈り、神の意志をたずね、神の偉大さを驚き讃えるといった、神に対する受容的な言語行為というかたちで、神に対しても言語的交流が可能となるのである。「何事かが他者へと関係する第二の仕方は、何事かを他者から受け取るという仕方である。自然的事物においては受動者が能動者へと関係づけられるのがそのような仕方においてであり、人間の語りにおいては生徒が教師へと関係づけられるのがそのような仕方においてである。そして、天使が神に語るのもこの仕方においてである。つまり、天使は行うべきことについて神の意志をたずねたり、あるいは天使がけっして把握し尽くすことがない神の卓越性に讃歎したりして、この仕方で神に語るのである[41]」。

人間同士のあいだでは、交流はペルソナ相互の意志の関係であるのみならず、外的な記号による媒介を必要とするが、このような媒介の必要性は人間が現にもつ身体の鈍重さに起因する。「人間の精神が他の人間に対して閉ざされる原因は、(第一には意志であるが) 第二には身体の鈍重さである。それゆえ、たとえ意志が精神の抱く概念 (conceptus mentis) を他者に表明するように仕向けても、概念は (そのような意志の働きのみによって) 直ちに他者によって認識されるわけではないのであり、(概念が認識されるためには) なんらかの可感的なしるしを援用することが必要なのである[42]」。このことから窺われるのは、身体というものが本来まさに人格と人格のあいだで相互に自らの意志を提示し表現し合うための能力にほかならないということ、しかし少なくとも人間の現在の状態においては、身体がこのような能力であるために必要な開放的透明性と表現力が大幅に失われているということであろう。

六　内的な言葉

言葉は交流の手段であるという実用的機能に尽きるものではなく、知性の内的な認識遂行そのものに本質的に所属する要素であるということ、これがトマスにおける言葉の理論を支える中心的洞察である。外的な言葉において認識を表現し、伝達することが可能なのは、認識の働きそのものが内的な言葉を必然的に生み出すということ以外によってではありえない。認識の過程は認識そのものの本質に即して内的な表出へと熟成することに向かって進み、またこの内的な表出はその「表出」としての性格にもとづいて外的な言葉の起源となるのであり、認識が外的な言葉において伝達されうるという素質をもつのは、まさにこのことに従ってなのである。

トマスが「内的な言葉（verbum interius）」をどのようなものとして理解しているかということは、彼がそれを知性的認識の他の内的諸原理と区別しているところからさしあたり見て取ることができる。内的な言葉とは精神の内部にあって、外的な言葉が指示するものであるが、それは知性的認識能力でも、その働き自体でもなく、また知性をある特定の内容の認識へと形成する原理である「可知的形象（species intelligibilis）」でもない。なぜなら、「それらのどれひとつとして、声に出して発せられる外的な言葉によって表示されるものではない」[43]からである。トマスは『命題集註解 Scriptum super libros Sententiarum』ではまだ可知的形象と内的な言葉とを区別していなかったが、『任意討論集 Quaestiones quodlibetales』第五の第五問以降、両者が区別されるべきであることについての明確な洞察に達した。「知性的認識の端緒である可知的形象は、知性の働きの結果形成される心の言葉（verbum cordis）とは必然的に異なったものである」[44]。なぜなら、外的な言葉が「表示しているのは、知性がそれによって知解するところのものである形象ではない[45]」からである。しかし、外的な言葉はまた、実在的事物、ないし実在的事態を直接に表示しているわけでもない。このことを証明するのは、虚偽ではあるが有意味な言明の存在である。つまり、このような言明は可知的な意味を表示しているが、この意味にはいかなる実在的対象も対応していないのである。したがって、外的な言葉が表示しているのは、純粋な内的意味内容（つまり概念）、ないし判断された事態の内容そのもの、つまり認識の働きの結果である「知解された思念[46]（intentio intellecta）」ないし「知性が抱く概念[47]（conceptus intellectus）」にほかならない。

内的な言葉は、認識の働きの結実であり、「終極[48]（terminus）」である。「われわれは、思考することによって言葉を形作る[49]」、つまり精神は認識の過程の終わりに認識の成果を内的な言葉として能動的に形成することによって、それを自らのものとするのである。しかし、認識の働きにおける内的な言葉の形成は、人間の認識の有限性に根差すことでも、また自由な意志の決定にもとづくことでもない。それはあらゆる知性的洞察によって必然的に遂行されるのである。というのは、外的な感覚的認識の受容性とは対照的に、精神の洞察は自らの認識の成果を自らの内において、そして自らの中から形成することによって遂行されるからである[50]。「知性が知解することによってなんらかのものを形成するということは、知解することの本質に属している。それゆえまた、知解するものすべてにおいて言葉をかならず措定しなければならないのである[51]」。反対にまた知性的洞察を起源とするということは、言葉というものの本質に属する。「内的な言葉（interius verbum）、すなわち知解された思念（intentio intellecta）の本質には、知解するものからその知解の働きに従って発出するということが属している。なぜなら、それはいわば知性的な働きの終極だからである。つまり、知性は知解することによって、知解された思念（志向）ないし観念（intentio intellecta sive ratio intellecta）、すなわち内的な言葉を把握し、形成するのである[52]」。

それゆえ、内的な言葉においては主観固有の能動性が表現される。とはいえ、知性の働きの本質は実在の真理に向かって一致することにほかならない以上、この「固有の能動性」とは、精神が自らにおいて客観的現実をその真理に即して形成し、表出するということである。このような精神固有の能動性――トマスはこの点を倫理的認識に関しても、自然法の能動的受容としての、道徳律に関する自己立法の概念を提示する際に強調している[53]――は、トマスの実在論的・存在論的な認識形而上学の内部での一見観念論的な要素、つまり主観の生産的な自発性を強調する要素であるということができるかもしれない。しかし、この生産的要素はあくまで認識の働き「とは区別される[54]（distinctum a）」もの、そしてその後に続くものとして措定されており、したがって認識は精神の能動的自発性に解消されることはないのである。

さて、このように内的な言葉は知解の働きを起源としてそこから発出し、その洞察の内容を表出するが、この起源との関係はまさに内的な言葉の存在を成しているものである。そして、内的な言葉が、それを「語る者」である認識の働きから区別されるのは、ただ両者がこの関係を構成する両端であるということのみによってである。「（認識の諸要素のなかで神において）残る区別はただ、言葉はその起源として懐抱する者（concipiens）へと関係するという意味での、関係による区別のみである[55]」。しかし、まさにこの関係的差異において、内的な言葉はかえって自らの起源としての認識の働きに向かって全面的に自らを還元する。「〈言葉〉という名称は、根本的には語る者への関係を表示するために設定されたものである[56]」。つまり、内的な言葉はこのような関係性を通じて、自らが認識の働きそのものになることなく、認識の内容にそっくりそのまま与るのである。したがって、主観によって能動的に形成されるのは認識の働きそのものではなく、精神における認識内容の表出の方のみである。しかし、このような形成は認識そのものから本性的に発出するのであり、その限りで内的な言葉はたんに認識の働きに関係するということを超えて、認識の働きの中に現れる実在の真理の表出となる。内的な言葉は真理の光と精神の活動とによって、認識の秩序づけられた段階性の内に生み出されるのであり、それゆえそれは精神の自己表現であると同時に、実在の真理の自己表出なのである。言い換えれば、精神は、先にまず可知的形象を通じて実在の真理によって形成されるが、内的な言葉を形成することによってこの受動的形成を自己表現へと能動的に転換し、まさに真理によって形成されたものとして自己を再形成するのである。したがって、精神が内的な言葉において直接に観るのは自らの活動や自らの産出物ではなく、実在の真理であり、自己自身の活動を観るのは精神の産出物として言葉を主題化する二次的な反省においてのみである。内的な言葉は、事物がその真理に即して現れる透明な場であり、それゆえそれは「知性がそれによって（quo）知解するものとしてではなく、知性がそれにおいて（in quo）知解するものとして、知性へと関係づけられる」[57]のである。この意味において、認識された真理の直観、つまり「真理の完全な観想」[58]として認識が完成に達するのは、内的な言葉においてなのである。[59]

内的な言葉の透明性は、その起源が真理にあるということにもとづく。つまり、内的な言葉は認識において萌芽的なかたちで、自らを伝達する真理から「受け‐取られる[60]（concipitur）」のである。「受け‐取る（concipere）」ということは「受胎」と「把捉」つまり受動的受容と能動的把握という二重の意味を含む。[61]このような意味において「受け‐取られる」内的な言葉はまた、認識の働きによって能動的に「生み出される（parturitur）」のである。しかし、「受け取られ」、「生み出される」という言い方によって、認識と内的な語りの時間的前後関係が表現されているわけではない。「それゆえ、（可知的な言葉）懐抱される（concipitur）のと同時に存在しており、生み出されるのと同時に（生み出すものから）区別されたものとして存在している」[62]。しかし、内的な言葉はそれを生み出す認識の働きから区別されつつも、精神の外に生み落されて、精神から切り離されてしまうのではなく、精神の内に内在する。[63]それは精神に内在する認識された内容であって、それゆえそれ自身生きた認識そのものなのである。[64]

トマスが内的な言葉の構成を聖書に従って受胎と出産という生物学的現象によって説明し、またキリストを神の言葉、神の子として語る際にもこの枠組みを用いているのは確かであるが、本来彼にとって根本的な存在論的の事実はむしろ、言葉は認識を起源とするということであって、このことは神においても見出すことができるのである。これに対し、子供が親から生まれるという生物学的な関係は、二次的な解釈図式にすぎない。つまり、生物学的関係はそのままでは類比的な意味においてさえ神には適用できないが、認識からの内的な言葉の発出といった精神そのものにとって本質的な関係は、それ自体として類比的に神に適用可能なものだと考えられるのである。それゆえ、キリストが神の子であると言うことができるのは、キリストが神の言葉であるからであり、それがまさに神の言葉であるという意味に即してなのである。また、この精神の本質的活動についてのこのような洞察によって強調されるのは、三位一体における三位格（ペルソナ）の区別よりは、むしろ神の自己遂行による関係的区別の中での神の一性であると言える。とはいえ、「神の内なる言葉」は、たんに神でないものから取られて神に適用された名称ではないし、また神の現実の中でこの概念に対応するのは、神の区別されない一なる存在そのものでもない。なぜなら、言葉というものにとっては——それはただ言葉にとってのみそうであり、認識の他の要素にとってはそうではない(65)——他のものを起源とするということ、つまりまさに認識を起源とするということが本質的だからである。さもなくば、認識はたんなる能動的措定としての語りに解消されてしまうという危険が生じるであろう。「この心が抱く概念（conceptus cordis）というものは、他のものから、つまり懐抱するものの知（notitia concipientis）から発出するということを、本質的に含んでいる。それゆえ、神に関して本来的な意味で語られるものとしての〈（御）言葉〉

は、他のものから発出するなんらかのものを表示するのである[66]」。したがって、「〈(御)言葉〉は神に関して本来的な意味で語るときには常に位格に関わるものとして理解される。なぜなら、〈言葉〉が意味するのは知解するものによって表出されたなんらかのものにほかならないからである[67]」。

認識と言葉は、したがって純粋な完全性であって、それゆえあらゆる有限的な言葉や人間的な語りは、ある根源的な「言葉そのもの」を、その原像ないし超越論的・存在論的な可能根拠としており、またあらゆる真理表出や交流は、その根底として言語行為のなんらかの始源的遂行の場面を前提としている。言葉というものが究極的にどのようなものであるかを問うていくとき、われわれは「一なる絶対的な言葉」へと導かれていくであろう。「あらゆる言葉をもつものが語るものと言われるようになるのは、この一なる絶対的な言葉を分有することによってである。これは、神的な言葉であって、(分有によってではなく)それ自らによってあらゆる言葉を超えた言葉なのである[68]」。

内的な言葉は、精神の内で成し遂げられる実在的な働きという特質と、真理の志向的表現という特質を併わせもつ。この二重構造のどちら側を見るかによって、内的な言葉がもつ表出ないし発出(processio)という性格もまた、二つの異なった側面を表す。内的な言葉の発出を精神内の実在的遂行という特質から見るとき、この遂行は、意志、ないし愛の発出において完成に至る。「知性的本性の内部に向かっての発出は、意志の発出において完了する[69]」。つまり、精神は認識を行うと、認識したものを、認識したということを超えてその固有の現実性において肯定し、自ら再遂行することを意志するのである。「愛の発出は、言葉の発出との繋がりにおいてでなければありえない。なぜなら、知性の内に把捉されたもの(in intellectu conceptum)でなければ、意志によって愛されるということは不可能だからである」[70]。

しかし、同時にまた内的な言葉は実在の真理の志向的表現でもある。この特質から見ると き、内的な言葉は「知解された事物のある観念、類似」[71]であり、したがってこの観点において内的な言葉が主題化するのは言葉としての自己自身ではなく、実在である。つまり、内的な言葉はここで精神を実在へと導くものとなるのである。「信仰するものの行為が向かう終極は命題ではなく、事物である。なぜなら、学問や信仰において見られるように、われわれはそれを通じて事物についての認識を得るためでなければ、命題を形成することはないからである」[72]。このように、内的な言葉が実在それ自体を現れさせるものであるからこそ、認識されたもののまさに存在に向かっていく働きである愛も、内的な言葉の媒介のもとに発現しうるのである。

内的な言葉による実在へのこのような志向的な関係は、それ自体二つの実現様式をもっている。「あるものの他のものにおいて存在する類似は、それが根源の位置を占めていて、原像(exemplar)という性格をもつ場合と、自らがそれの類似であるものに対して自らの根源として関わっていて、むしろ似像(imago)という性格をもつ場合とがある」[73]。つまり、内的な言葉は原像という性格をもち、新たな存在のための根源となることができる。このことが可能なのは、内的な言葉があくまでそれを語る者の主観性に制約されない純粋な意味内容であり、しかもこの意味内容をそれ自体として存立するものとして表現するものであるからである。しかし同時に、この内的な言葉は語る者によって形成されるものでもあって、精神が内的な言葉を形成する力をもつのは、精神がその本質的な自己認識を遂行する中で、新しい意味を開く能力を自らに固有なものとして自覚するからである。そして、意味が自らの現実化に向かって積極的に開かれたものである限り、創造的な言葉は人間の場合にも神の場合にも芸術的、ないし技術的・実践的な性格をもつことになる。「神の（御）言葉は、父なる神の内にあるものについては、それを表現するのみであるが、被造物については、それらを表現し、かつ造り出すものである」[74]。こうして、プラトン的なイデアは、神の絶対的な言葉に属する「技能（ars）」として、創造の根源となるのである。「何かを作る者は誰でも、そのことを自らの知恵において先に把捉して（praeconcipiat）いなければならず、この知恵は作られる事物の形相であり、観念なのである。……それゆえ、神は自らの知性が捉える概念（conceptus sui intellectus）によってでなければ、なにひとつ造ることはない。この概念は永遠より抱かれた智恵（sapientia ab aeterno concepta）、つまり神の（御）言葉、神の子なのである。……それゆえアウグスティヌスは『三位一体論』で、（御）言葉はあらゆる生きた観念に満ちた技能だ、と述べているのである」[75]。ここから、創造とは生産的な発話行為であることが明らかになる。「（御）言葉は、存在するものを表現し、かつ造るものである」[76]。あらゆる有限的存在者は神の言葉にもとづいて造られたのであり、したがって自らの内に根源的精神による把握を反映している。それゆえ、世界は、自らの原像として神の精神を指し示しているのである。「(御言葉は)その中に類似が明確に反映している作品、つまり世界を造った。……仕事ぶりに職人の技術が明らかになるように、全世界は御父の精神において抱かれる(concepta)神的な知恵のなんらかの表現にほかならない[77]」。トマスはこの箇所でオリゲネス(Origenes 一八五頃～二五四年頃)が使った類比を採用して、世界を神の語りの出来事、神的な言葉から発せられる声として示す。「人間の声が、精神の内に抱かれる(conceptum)人間の言葉に関係するのと同じような仕方で、被造物は神の言葉に関係する。つまり、われわれの声が、われわれの精神の内に抱かれる(conceptum)言葉からの結果であるように、被造物も神の精神の内に抱かれる(conceptum)(御)言葉からの結果なのである[78]」。世界が秩序なき偶然からではなく、言葉にもとづいて成立したものであり、意味ある仕方で分節化されているからこそ、それは認識可能であり、人間の言葉において再び語られることが可能なのである[79]。

七　神を語ること

人間が有限的存在者について語るすべての行為は、語られるこの有限的存在者がその存在において無限者から語り出されたものだということを根拠としている。それゆえ、有限的存在者について語られる言葉は、この言葉が根差す絶対的始源について語る言葉によって解明されることを求める。[80] それゆえ、言葉の理論は神名論を頂点とし、またそれによって根拠づけられるのである。

人間が神について語るとき、その語りもやはり人間的な認識、つまり世界内に位置づけられた認識がもつ構造に従うために[81]神の諸々の名はその表示の仕方においては、感覚と結び付き、直接に質料的諸対象へと関係づけられた、人間精神の構造を反映している。「われわれが神に帰属させる名は、その認識がわれわれの本性に即している質料的被造物の認識に適合するような仕方によって表示する」。[82] こうして、たとえば具体名詞は、単純な形相と個別的基体から成る質料的な複合実体を自存者として表示するという表示の仕方を具えており、自存者ではあるがいかなる複合ももたない神をその自存性において表示しようとするときには、複合的な仕方で自存性を表示する具体名詞を神の名として用いざるをえない。[83] 一方、抽象名詞は単純な形相を純粋に表示するが、質料的事物においてそれは自存するものではなく、実体を構成する一原理にすぎない。それゆえ、抽象名詞は神の単純性を表示しうるが、それを自存するものとしては表示しえないのである。[84] 動詞を用いる場合、その主語が示すものには常に時間が帰せられ、[85] 形容詞はある性質の実体への所属を含意する。[86] また、指示代名詞が神を指示するように適用されても、それはやはり神そのものを直接に表示するのではなく、あくまで今述べられたようなさまざまな不完全な言語形式に従って把握される神の概念を表示するのである。[87] しかし、認識の働きはその反省的自己把握を通じて、これらの言語・認識形式を、ただ自らにのみ属し、表示された内容、つまり神そのものには適合しないものとして見抜くことができるのであり、それゆえそれが表示する実在には不適合な言語形式を用いつつ、超越的存在についての、内容的には真であるような認識を遂行することが可能になるのである。

諸々の神名において表示される内容である純粋な完全性は、人間の認識に対して最初に与えられる可感的存在者から汲み取られたものではあるが、それがそれ自体として表示するのはたんなる被造物の神への関係ではなく、神の本質そのものである[88]。つまり、純粋な完全性はここで、その本来の意味において、被造物におけるその有限的実現形態に先立ってそれ自体として、それゆえまさに神に帰属するものとして理解されているのである。「われわれが神に帰属させる名においては、二つのことを考察しなければならない。つまり、ひとつは表示された完全性そのもの、たとえば善性、生命などであり、もうひとつは表示の仕方である。これらの名は、それらが表示しているものに関する限りは、神に対して本来的な意味で(proprie)適合するのであり、しかも被造物自体に対してよりもより本来的に、そしてより先に(per prius)神について語られるのである[89]」。このように純粋な諸完全性[90]が第一には神に帰属するものとして認識されるならば、そのときそれらは根源的にはその純粋な原形態において認識されている。こうした純粋な完全性、つまり「存在」、「一」、「真」、「善」などは、有限的存在者についてのいかなる認識にとってもその核心と基礎を成すものであるから、あらゆる認識はこの完全性の原形態における純粋な存在と有限的な現実化とのあいだの緊張を孕んだ類比を含んでいる[91]。したがって、類比は言語の可能性の二次的な拡張なのではなく、あらゆる認識と語りの根本形式なのである。神と被造物のあいだの、純粋な完全性をめぐるこのような類比は、あらゆる述語づけにおいて二重の方向性をもっている。つまり、述語づけられる純粋な完全性の具体的な形態の方は被造物の本質に対応するものであり、それが神について言明されるのは類比的にでしかないが[92]、内容の根源像を成す純粋な完全性そのものは第一義的に神を表しており[93]、それゆえ被造物においてそれはただ第二義的、派生的にのみ現実化したものとして認識されるのである。「〈神は善である〉とか〈神は知恵あるものだ〉と語られるとき……表示されているのは……、(〈善〉とか〈知恵ある〉といった)これらのことが神においてより卓越した仕方で先在しているということである。それゆえ、……名によって表示された事柄に関する限り、これらのことは被造物についてよりも神についてより先に語られる。なぜなら、このような完全性は神から被造物へと流れ出るものだからである[94]」。

しかし、言葉の類比は元をただせば有限的存在者の純粋存在への存在論的分有を認識によって逆向きに辿り返すことにすぎない。「いかなる被造物も、なんらかの完全性をもつのに従って、その限りで神を表現し、神に似たものであるのだが、だからといって神をなにか自らと同じ種や類のものとして表現しているわけではなく、むしろ卓越した根源として表現しているのである[95]」。言語は、純粋な完全性の理解にもとづくものであり、したがって言語にとって超越への関係は、有限的存在者自体にとってと同様、構成的なのである。「神と被造物について語られるいかなるものも、それが語られるのは、被造物の神への関連(ordo)、つまり事物のあらゆる完全性が卓越した仕方で先在している根源、原因としての神への関連が存在するに従ってである」[96]。それゆえ、認識すること、そして語ることは、分有と類比においてて開かれる、有限的事実と純粋な完全性とのあいだの関係によって根底から刻印されている。言い換えるならば、定義と区別によって明晰な把握を行うことと、暗闇の中に向かって名を呼びかけること[97]、あるいは悟性的・推論的媒介と、知性的で純一な洞察、そして形式的な精密さと[98]、語りえない超越を前にして口籠りつつ沈黙へと沈みいくこと[99]——認識と言語は常にこのような止揚しえない緊張関係の中に立ち続けている。「なんらかの名はより限定されず、より共通で、絶対的なものであるほど、神についてより本来的な意味においてわれわれによって語られるのである」[100]。

註

（1）トマス・アクィナス『命題論註解』、『トマス・アクィナス』（上智大学中世思想研究所編訳・監修『中世思想原典集成14』）所収、平凡社、一九九三年、二五一—三三五頁。

（2）sapiens bene curat nomina, secundum quod exprimunt proprietatem rerum, et non propter se: *In II Sent.* d. 42 q. 2 a. 2 sol. 3 ad 1; sapientis enim est non curare de nominibus: *In II Sent.* d. 3 q. 1 a. 1 c; Quia sapientis non est de nominibus curare: *In II Sent.* d. 42 q. 2 a. 2 ql. 3 arg. 1. 註における引用はすべて、トマス・アクィナスのものである。

（3）Respondeo dicendum conveniens fuisse Christum doctrinam suam non scripsisse. Primo quidem propter dignitatem ipsius. Excellentiori enim doctori excellentior modus doctrinae debetur.

Et ideo Christo tanquam excellentissimo doctori hic modus competebat, ut doctrinam suam auditorum cordibus imprimeret. ... Unde etiam apud gentiles Pythagoras et Socrates, qui fuerunt excellentissimi doctores, nihil scribere voluerunt. Scriptura enim ordinatur ad impressionem doctrinae in cordibus auditorum sicut ad finem. — Secundo, propter excellentiam doctrinae Christi, quae litteris comprehendi non potest: *S. th.* III q. 42 a. 4 c.

(4) inquantum sacra doctrina utitur physicis documentis propter se, non recipit ea propter auctoritatem dicentium, sed propter rationem dictorum unde bene dicta recipit et alia respuit: *In Boethii De Trinitate* prooemium, q. 2 a. 3 ad 8.

(5) secundum ordinem cognitionis humanae processerunt antiqui in consideratione naturae rerum: *De potentia* q. 3 a. 5 c.

(6) Et ita etiam nulla confusio sequitur in sacra Scriptura: cum omnes sensus fundentur super unum, scilicet litteralem; ex quo solo potest trahi argumentum, non autem ex his quae secundum allegoriam dicuntur: *S. th.* I q. 1 a. 10 ad 1; non est propter defectum auctoritatis, quod ex sensu spirituali non potest trahi efficax argumentum, sed ex ipsa natura similitudinis, in qua fundatur spiritualis sensus: *Quodl.* VII q. 6 a. 1 ad 4.

(7) Quantum igitur ad id quod significant huiusmodi nomina, proprie competunt Deo, et magis proprie quam ipsis creaturis, et per prius dicuntur de eo. Quantum vero ad modum significandi, non proprie dicuntur de Deo: *S. th.* I q. 13 a. 3 c.

(8) quid rei veritas habeat: *S. th.* I q. 107 a. 2 c; studium philosophiae non est ad hoc quod sciatur quid homines senserint sed qualiter se habeat veritas rerum: *In De caelo et mundo* l. 22, n. 228.

(9) secundum quod aliquid a nobis intellectu cognosci potest, sic a nobis potest nominari: *S. th.* I

q. 13 a. 1 c.

(10) Iste liber est Christus secundum humanam naturam, in quo scripta sunt omnia necessaria homini ad salutem: *Super Ad Hebraeos* c. 10 l. 1, n. 490.

(11) initium et principium sapientiae nostrae est Christus: *Super evangelium S. Ioannis lectura* (=*In Joh.*) c. 1 l. 1, I, n. 34.

(12) ad salutem consequendam non solum est necessaria fides de veritate rerum, sed etiam vocalis confessio per nomina: *In I Sent.* d. 22 expositio textus.

(13) Manifestius autem et communius in nobis dicitur verbum quod voce profertur: *S. th.* I q. 34 a. 1 c.

(14) ea quae sunt in voce, sunt signa earum, quae sunt in anima, passionum: *In Joh.* c. 1 l. 1, I, n. 25.

(15) Vox enim significat intellectus conceptum: *S. th.* I q. 34 a. 1 c.

(16) vox ex imaginatione procedit: *ibid.*

(17) hoc autem facit vis imaginativa, cuius formae quodammodo simile est verbum intellectus: *Quodl.* V q. 5 a. 2 ad 2.

(18) voces referentur ad res significandas mediante conceptione intellectus: *S. th.* I q. 13 a. 1 c.

(19) Sic igitur primo et principaliter interior mentis conceptus verbum dicitur: *S. th.* I q. 34 a. 1 c.

(20) voces sunt signa intellectuum, et intellectus sunt rerum similitudines: *S. th.* I q. 13 a. 1 c.

(21) (intentio intellecta) est quaedam similitudo concepta in intellectu de re intellecta: *Summa contra Gentiles* (=*S. c. G.*) IV, 11, n. 3466.

(22) aliud est intelligere rem, et aliud est intelligere ipsam intentionem intellectam, quod intellectus

facit dum super suum opus reflectitur: *ibid.*

(23) Cf. *Quodl.* V q. 5 a. 2 c.

(24) similitudo: *S. c. G.* IV, 11, n. 3466; *ibid.*, n. 3474; *In Joh.* c. 1 l. 5, I, n. 136.

(25) repraesentatio: *In Joh.* c. 1 l. 5, I, n. 136; repraesentativum: *S. th.* I q. 34 a. 3 c.

(26) Cum sit duplex operatio intellectus: una quarum dicitur a quibusdam imaginati intellectus, quam Philosophus tertio de anima nominat intelligentiam indivisibilium, quae consistit in apprehensione quidditatis simplicis, quae alio etiam nomine formatio dicitur. Alia est quam dicunt fidem, quae consistit in compositione, vel divisione propositionis. Prima operatio respicit quidditatem rei. Secunda respicit esse ipsus: *In I Sent.* d. 19 q. 5 a. 1 ad 7; cf. *ibid.* c. Cf. K. Riesenhuber, *Die Transzendenz der Freiheit zum Guten. Der Wille in der Anthropologie und Metaphysik des Thomas von Aquin*, München 1971, S. 66f.

(27) ratio proprie nominat conceptum mentis, secundum quod in mente est, etsi nihil per illam exterius fiat; per verbum vere significatur respectus ad exteriora: *In Joh.* c. 1 l. 1, I, n. 32.

(28) constat autem quod verbum secundum communem usum loquendi significat vocem aliquam et enuntiationem necessariorum, manifestationem cogitationum: *In Joh.* c. 1 l. 1, III, n. 55.

(29) datus est etiam ei (scl. homini) loquelae usus, per cuius officium veritatem quam aliquis mente concipit, alteri manifestare possit; ut sic homines seipsos iuvent in cognitione veritatis, sicut et in aliis rebus necessariis vitae, cum sit homo 'animal naturaliter sociale': *S. c. G.* III, 147, n. 3202.

(30) Non enim pertinet ad perfectionem intellectus mei, quid tu velis, vel quid tu intelligas, cognoscere: sed solum quid rei veritas habeat: *S. th.* I q. 107 a. 2 c.

(31) *S. th.* I q. 107.

(32) loquatur sibi interius concipiendo: *S. th.* I q. 107 a. 1 ad 2.

(33) ordinet per voluntatem ad alterius manifestationem: *ibid.*

(34) Nihil est enim aliud loqui ad alterum, quam conceptum mentis alteri manifestare: *S. th.* I q. 107 a. 1 c.

(35) Ex hoc vero quod conceptus mentis angelicae ordinatur ad manifestandum alteri per voluntatem ipsius angeli, conceptus unius angeli innotescit alteri: et sic loquitur unus angelus alteri: *ibid.*

(36) locutio exterior quae fit per vocem, est nobis necessaria propter obstaculum corporis. Unde non convenit angelo, sed sola locutio interior: *S. th.* I q. 107 a. 1 ad 2.

(37) conceptus mentis unius angeli percipi potest ab altero, per hoc quod ille cuius est conceptus, sua voluntate ordinat ipsum ad alterum. ... Et ideo potest conceptus unius ab aliquo uno cognosci, et non ab aliis: *S. th.* I q. 107 a. 5 c.

(38) restat ut consideremus de eius imagine, idest de homine, secundum quod et ipse est suorum operum principium, quasi liberum arbitrium habens et suorum operum potestatem: *S. th.* I–II prologus.

(39) potest retinere interius, vel ad extra ordinare: *S. th.* I q. 107 a. 1 ad 1.

(40) Ex quo autem habet aliquid pro certo, quasi examinatum, cogitat quomodo possit illud aliis manifestare, et haec est dispositio ‘interioris sermonis’; ex quo procedit ‘exterior locutio’: *S. th.* I q. 79 a. 10 ad 3.

(41) Alio modo ordinatur aliquid ad alterum, ut ab eo aliquid accipiat; sicut in rebus naturalibus passivum ad agens, et in locutione humana discipulus ad magistrum. Et hoc modo angelus loquitur

Deo, vel consultando divinam voluntatem de agendis; vel eius excellentiam, quam nunquam comprehendit, admirando: *S. th.* I q. 107 a. 3 c.

(42) Secundo autem clauditur mens hominis ab alio homine per grossitiem corporis. Unde cum etiam voluntas ordinat conceptum mentis ad manifestandum alteri, non statim cognoscitur ab alio, sed oportet aliquod signum sensibile adhibere: *S. th.* I q. 107 a. 1 ad 1.

(43) Nullum autem istorum significatur verbo exteriori voce prolato: *In Joh.* c. 1 l. 1, I, n. 25. Cf. K. Riesenhuber, *op. cit.*, S. 139–141.

(44) necesse est quod species intelligibilis, quae est principium operationis intellectualis, differt a verbo cordis, quod est per operationem intellectus formatum: *Quodl.* V q. 5 a. 2 c.

(45) nec significat speciem, quae est qua intellectus intelligit: *In Joh.* c. 1 l. 1, I, n. 25.

(46) intentio intellecta: *S. c. G.* IV, 11, n. 3473.

(47) intellectus conceptum: *S. th.* I q. 34 a. 1 c.

(48) cum conceptionis terminus sit esse concepti in concipiente: *S. c. G.* IV, 11, n. 3478.

(49) in nobis, qui cogitando verba formamus: *In Joh.* c. 1 l. 1, I, n. 41.

(50) cognitio sensus exterioris perficitur per solam immutationem sensus a sensibili: unde per formam quae sibi a sensibili imprimitur, sentit. Non autem ipse sensus exterior format sibi aliquam formam sensibilem: hoc autem facit vis imaginativa, cuius formae quodammodo simile est verbum intellectus: *Quodl.* V q. 5 a. 2 ad 2.

(51) de ratione intelligendi est quod intellectus intelligendo aliquid formet; huius autem formatio dicitur verbum; et ideo in omni intelligente oportet ponere verbum: *In Joh.* c. 1 l. 1, I, n. 25.

(52) Est autem de ratione interioris verbi, quod est intentio intellecta, quod procedat ab intelligente

secundum suum intelligere, cum sit quasi terminus intellectualis operationis: intellectus enim intelligendo concipit et format intentionem sive rationem intellectam, quae est interius verbum: *S. c. G.* IV, 11, n. 3473.

(53) lex naturalis est aliquid per rationem constitutum: sicut etiam propositio est quoddam opus rationis: *S. th.* I–II q. 94 a. 1 c.

(54) Verbum autem Dei, in ipso Deo dicente existens, est perfectum, in se subsistens, distinctum a Deo dicente: *S. c. G.* IV, 11, n. 3478.

(55) remanet tamen sola distinctio relationis, prout Verbum refertur ad concipientem ut a quo est: *S. c. G.* IV, 11, n. 3475.

(56) nomen Verbi principaliter impositum est ad significandam relationem ad dicentem: *S. th.* I q. 34 a. 3 ad 4.

(57) comparatur (scl. verbum) ad intellectum, non sicut quo intellectus intelligit, sed sicut in quo intelligit: *In Joh.* c. 1 l. 1, I, n. 25.

(58) secundum perfectam contemplationem veritatis: *ibid.*, n. 26.

(59) Sed mediante verbo importat habitudinem ad rem intellectam, quae in verbo prolato manifestatur intelligenti: *S. th.* I q. 34 a. 1 ad 3.

(60) Conceptio autem et partus intelligibilis verbi non est cum motu, nec cum successione: unde simul dum concipitur, est: *S. c. G.* IV, 11, n. 3478.

(61) Unde et his quae pertinent ad generationem viventium, utitur Scriptura ad significandam processionem divinae sapientiae, scilicet ‘conceptione’ et ‘partu’: ... Sed intellectu nostro utimur nomine ‘conceptionis’, secundum quod in verbo nostri intellectus invenitur similitudo rei

intellectae, licet non inveniatur naturae identitas: *S. th.* I q. 27 a. 2 ad 2; cf. *S. c. G.* IV, 11, n. 3478.

(62) et id quod parturitur, in parturiendo non sit a parturiente distinctum. Conceptio autem et partus intelligibilis verbi non est cum motu: *S. c. G.* IV, 11, n. 3478.

(63) ad ostendendum quod talis distinctio non excludit Verbum esse in dicente, dicitur Ioan. 1, 18, quod est 'in sinu Patris': *S. c. G.* IV, 11, n. 3478.

(64) Cf. *S. th.* I q. 27 a. 2 ad 2.（註（61）参照）

(65) nihil eorum quae ad intellectum pertinent, personaliter dicitur in divinis, nisi solum Verbum; solum enim verbum significat aliquid ab alio emanans: *S. th.* I q. 34 a. 1 ad 2.

(66) Ipse autem conceptus cordis de ratione sua habet quod ab alio procedat, scilicet a notitia concipientis. Unde verbum, secundum quod proprie dicitur in divinis, significat aliquid ab alio procedens: *S. th.* I q. 34 a. 1 c.

(67) Verbum, proprie loquendo, semper personaliter accipitur in divinis, cum non importet nisi quid expressum ab intelligente: *In Joh.* c. 1 l. 1, I, n. 29.

(68) ... unum Verbum absolutum, cuius participatione omnes habentes verbum, dicuntur dicentes. Hoc autem est Verbum divinum, quod per seipsum est Verbum super omnia verba elevatum: *In Joh.* c. 1 l. 1, I, n. 33.

(69) Processio enim quae est ad intra in intellectuali natura, terminatur in processione voluntatis: *S. th.* I q. 27 a. 3 ad 1; cf. K. Riesenhuber, *op. cit.*, S. 294.

(70) Non enim est processio amoris nisi in ordine ad processionem verbi; nihil enim potest voluntate amari, nisi sit in intellectu conceptum: *S. th.* I q. 27 a. 3 ad 3.

(71) quaedam ratio et similitudo rei intellectae: *S. c. G.* IV, 11, n. 3474.

(72) Actus autem credentis non terminatur ad enuntiabile, sed ad rem: non enim formamus enuntiabilia nisi ut per ea de rebus cognitionem habeamus, sicut in scientia et in fide: *S. th.* II–II q. 1 a. 2 ad 2.

(73) Similitudo autem alicuius in altero existens vel habet rationem exemplaris, si se habeat ut principium; vel habet potius rationem imaginis, si se habeat ad id cuius est similitudo sicut ad principium: *S. c. G.* IV, 11, n. 3474.

(74) ita Verbum Dei eius quod in Deo Patre est, est expressivum tantum, creaturarum vero est expressivum et operativum: *S. th.* I q. 34 a. 3 c.

(75) Quicumque enim aliquid facit, oportet quod illud praeconcipiat in sua sapientia, quae est forma et ratio rei factae: ... Sic ergo Deus nihil facit nisi per conceptum sui intellectus, qui est sapientia ab aeterno concepta, scilicet Dei Verbum, et Dei Filius: ... Unde Augustinus *De Trinitate* dicit quod Verbum est ars plena omnium rationum viventium: *In Joh.* c. 1 l. 2, I, n. 77.

(76) Verbum est entium ut expressivum et factivum: *S. th.* I q. 34 a. 3 ad 5.

(77) (Verbum) fecit opus, in quo similitudo evidenter relucet, scilicet mundum. ... Sicut in artificio manifestatur ars artificis, ita totus mundus nihil aliud est quam quaedam repraesentatio divinae sapientiae in mente patris conceptae: *In Joh.* c. 1 l. 5, I, n. 136.

(78) sicut se habet vox humana ad verbum humanum in mente conceptum, sic se habet creatura ad Verbum divinum; nam sicut vox nostra est effectus verbi concepti in mente nostra, ita et creatura est effectus Verbi in divina mente concepti: *ibid.*, n. 135.

(79) auctor sacrae Scripturae est Deus, in cuius potestate est ut non solum voces ad significandum accommodet (quod etiam homo facere potest), sed etiam res ipsas: *S. th.* I q. 1 a. 10 c.

(80) *S. th.* I q. 13.

(81) Secundum igitur quod aliquid a nobis intellectu cognosci potest, sic a nobis potest nominari. Ostensum est autem supra quod Deus in hac vita non potest a nobis videri per suam essentiam; sed cognoscitur a nobis ex creaturis, secundum habitudinem principii, et per modum excellentiae et remotionis. Sic igitur potest nominari a nobis ex creaturis; non tamen ita quod nomen significans ipsum, exprimat divinam essentiam secundum quod est: *S. th.* I q. 13 a. 1 c.

(82) quia ex creaturis in Dei cognitionem venimus, et ex ipsis eum nominamus, nomina quae Deo attribuimus, hoc modo significant, secundum quod competit creaturis materialibus, quarum cognitio est nobis connaturalis: *S. th.* I q. 13 a. 1 ad 2.

(83) Et quia in huiusmodi creaturis, ea quae sunt perfecta et subsistentia, sunt composita; forma autem in eis non est aliquid completum subsistens, sed magis quo aliquid est: inde est quod omnia nomina a nobis imposita ad significandum aliquid completum subsistens, significant in concretione, prout competit compositis: *ibid.*

(84) quae autem imponuntur ad significandas formas simplices, significant aliquid non ut subsistens, sed ut quo aliquid est, sicut albedo significat ut quo aliquid est album: *ibid.*

(85) Verba vero et participia consignificantia tempus dicuntur de ipso, ex eo quod aeternitas includit omne tempus ... simplicem aeternitatem non possumus intelligere vel voce exprimere, nisi per modum temporalium rerum: *S. th.* I q. 13 a. 1 ad 3.

(86) sicut de Deo dicuntur aliqua in concretione, ad significandum subsistentiam et perfectionem ipsius, sicut iam dictum est, ita dicuntur de Deo nomina significantia substantiam cum qualitate: *ibid.*

(87) Pronomina vero demonstrativa dicuntur de Deo, secundum quod faciunt demonstrationem ad id quod intelligitur, non ad id quod sentitur: secundum enim quod a nobis intelligitur, secundum hoc sub demonstratione cadit. Et sic, secundum illum modum quo nomina et participia et pronomina demonstrativa de Deo dicuntur, secundum hoc et pronominibus relativis significari potest: *ibid.*

(88) huiusmodi quidem nomina significant substantiam divinam, et praedicantur de Deo substantialiter, sed deficiunt a repraesentatione ipsius: *S. th.* I q. 13 a. 2 c.

(89) In nominibus igitur quae Deo attribuimus, est duo considerare, scilicet, perfectiones ipsas significatas, ut bonitatem, vitam, et huiusmodi; et modum significandi. Quantum igitur ad id quod significant huiusmodi nomina, proprie competunt Deo, et magis proprie quam ipsis creaturis, et per prius dicuntur de eo: *S. th.* I q. 13 a. 3 c.

(90) Quaedam vero nomina significant ipsas perfectiones absolute, absque hoc quod aliquis modus participandi claudatur in eorum significatione, ut *ens, bonum, vivens*, et huiusmodi: et talia proprie dicuntur de Deo: *S. th.* I q. 13 a. 3 ad 1.

(91) omnes rerum perfectiones, quae sunt in rebus creatis divisim et multipliciter, in Deo praeexistunt unite. ... Unde nullum nomen univoce de Deo et creaturis praedicatur. ... Et hoc modo aliqua dicuntur de Deo et creaturis analogice: *S. th.* I q. 13 a. 5 c.

(92) quantum ad impositionem nominis, per prius a nobis imponuntur creaturis, quas prius cognoscimus: *S. th.* I q. 13 a. 6 c.

(93) necesse est quod illud nomen per prius dicatur de eo quod ponitur in definitione aliorum, et per posterius de aliis, secundum ordinem quo appropinquant ad illud primum vel magis vel minus:

ibid.

(94) huiusmodi nomina non solum dicuntur de Deo causaliter, sed etiam essentialiter. Dum enim dicitur *Deus est bonus*, vel *sapiens*, non solum significatur quod ipse sit causa sapientiae vel bonitatis, sed quod haec in eo eminentius praeexistunt. Unde, secundum hoc, dicendum est quod, quantum ad rem significatam per nomen, per prius dicuntur de Deo quam de creaturis: quia a Deo huiusmodi perfectiones in creaturas manant: *ibid.*

(95) quaelibet creatura intantum eum repraesentat, et est ei similis, inquantum perfectionem aliquam habet: non tamen ita quod repraesentet eum sicut aliquid eiusdem speciei vel generis, sed sicut excellens principium: *S. th.* I q. 13 a. 2 c.

(96) quidquid dicitur de Deo et creaturis, dicitur secundum quod est aliquis ordo creaturae ad Deum, ut ad principium et causam, in qua praeexistunt excellenter omnes rerum perfectiones: *S. th.* I q. 13 a. 5 c.

(97) Sic igitur, cum aliquod nomen ad perfectionem pertinens de creatura dicitur, significat illam perfectionem ut distinctam secundum rationem definitionis ab aliis. ... Sed cum hoc nomen de Deo dicimus, non intendimus significare aliquid distinctum ab essentia vel potentia vel esse ipsius. Et sic, cum hoc nomen *sapiens* de homine dicitur, quodammodo circumscribit et comprehendit rem significatam: non autem cum dicitur de Deo, sed relinquit rem significatam ut incomprehensam, et excedentem nominis significationem: *ibid.*

(98) quemcumque modum determinet circa id quod de Deo intelligit, deficit a modo quo Deus in se est: *S. th.* I q. 13 a. 11 c.

(99) licet per revelationem gratiae in hac vita non cognoscamus de Deo *quid est*, et sic ei quasi

ignoto coniungamur: *S. th.* I q. 12 a. 13 ad 1.

(100)　quanto aliqua nomina sunt minus determinata, et magis communia et absoluta, tanto magis proprie dicuntur de Deo a nobis: *S. th.* I q. 13 a. 11 c.

〔訳：矢玉俊彦〕

（初出：『中世思想研究』第三三号、中世哲学会、一九九一年九月）

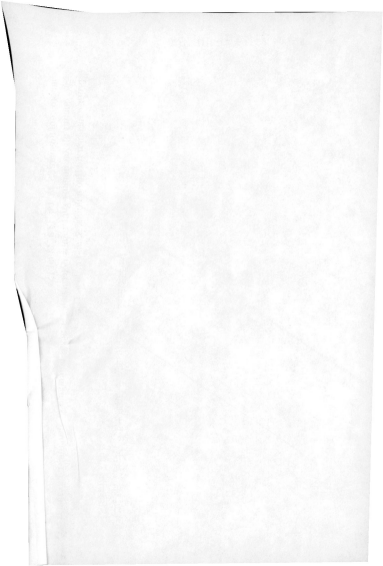

トマス・アクィナスにおける存在理解の展開

一　問題設定

哲学的思惟は、原理へと立ち返ることを通じて、それ自体に即して可知的なものに達しようとする。すなわち、まさに第一のもの、普遍的包括者そのものを認識する中で、認識というものをその本質に即して、すなわちそれ自体に即して明らかなるものの理解として、根源的に生起させることを目指すのである。このような愛知（フィロソフィア）、つまり哲学の原点をなすのは、「存在するもの」の肯定にほかならない。なぜなら、存在するものが現前することによってのみ、認識が初めて可能にされるからである。それゆえ、哲学の対象がいかなるものであり、また哲学が可能であるための根拠が何であるかということの開明は、存在するものそれ自体の理解としてのみ達成され得る。「存在するもの、および存在するものに自体的に付帯するものを考察するこの学の必然性は次のことから明らかである。つまり、他のものの認識はこれらのもの（＝存在するもの、および存在するものに自体的に付帯するもの）に依存しているのだから、このようなものが認識されないままであってはならない、ということからである」[1]。このように、哲学的思惟は自らを自らの対象、つまり存在するものそれ自体から根拠付けようとするが、トマス・アクィナス（Thomas Aquinas 一二二五～七四年）はこの課題を超越論的（超範疇的）概念の理論において遂行する[2]。超越論的概念とは、存在するものすべてに、その存在の度合いに従って帰属する規定のことである。存在するものに属する超越論的規定としての「一」、「真」、「善」をめぐる理論は、一二三〇年頃にパリ大学のフィリップ総長による「超越論概念についての最初の論考[3]」が現れて以来、盛期スコラ学の共有財産となってはいたが、この超越論的概念の理論を存在論的、精神形而上学的に比類のない深さにまで掘り下げたのはトマス・アクィナスにほかならない。のみならず、トマスはこの理論を自らの思惟全体のまさに根幹に据えたのであって、このことは他のスコラ学者には必ずしも妥当しない。稲垣良典氏も、「トマスの存在論における超越論の重要性は、存在論はそれの一部である超越論を通じて、神学、認識論、倫理学および美学にとっての基礎論としての役割をはたす、というところに認められる[4]」と指摘しておられる。

現代のトマス研究を通じて、超越論的概念の理論の基本テキストである『定期討論集・真理について』の第一問・第一項は、繰り返し分析の対象となってきた[5]。また、「一[6]」、「真[7]」、「善[8]」、「美[9]」といったそれぞれの超越論的概念について、詳細な研究がなされ、さらには超越論的概念相互の関係が考察されてきた[10]。こうした研究は個々の超越論的規定の概念的構造と意味を解明しようとするものであるが、本論考はこれらの成果に何か本質的に新たなことを付け加えようとするものではない。しかし、これらの研究は、それらがトマスのテキストの上ではっきりとしたかたちで展開されている思想の枠内に留まるものである以上、さしあたっては超越論的概念の理論の総体が歴史的、体系的にいかなる位置を占めるものであるかという問いに手を付けることはない。また、これらが超越論的概念の導出原理と全体の内的連関を問わないままに置いているとすれば、超越論的概念の理論はもともと別々だったいくつかの学説を後から一つに組み立ててできた概念的構築物でしかない、といったような印象を与えてしまうかもしれないし、また当然この理論の有機的統一や、その中に含まれる展開可能な体系的意味合いは把握されないままに終わるであろう。それゆえペルトナーは「超越論的概念の理論の核心をなす問題が提起されるのは、超越論的名称が多数存在することとの区別の根拠への問いによってである。つまり存在の超越論的諸規定の統一と区別という問題である[11]」と指摘し、またツァピエフスキに至っては「トマスの超越論的概念の一覧表が完全無欠なものであるかどうかという問いには、むしろ今に至ってもなお全く答えが出ていないままなのだ[12]」と断言するのである。従って本論考では、まず予備的考察として存在の超越論的規定の理論を生み出す問題設定そのものを問題とし、その歴史的起源と体系的意義を明らかにした後、超越論的規定をその発出ないし構成の過程に従って、つまりその生起そのものに即して（genetisch）理解する可能性を問いたいと思う。なぜなら、哲学的理解は、自らの構成要素を前提することに満足することはできないのであり、むしろ知の中に発見される基本的要素を、すなわち他ならぬ超越論的規定という根本概念を、個々に、あるいはまたそれらの全体の連関において、一つの始原からの再構成を通じて反省的に解明しなければならないからである。しかし、存在の超越論的諸規定は「第一のもの」[13]、すなわちあらゆる思惟の第一原理にほかならないのであり、それゆえそれらをさらに先行する何らかの原理から単純に導出するということは不可能である。[14] 従って、この研究の課題は、これらの論理的には導出不可能な第一の所与を、思惟と認識全体の一なる原理による自己構成と自己展開の進展として、その生起の構造において明らかにするということになるであろう。

二　存在の本質的規定への問い

思惟が理解に到達するのは、それが存在者の内実をあらゆる洞察可能性の根源である存在[15]から把握するときである。「いかなるものも、それが存在を持つ程度に従って認識可能である[16]」。このように、存在するものそれ自体こそが認識の本来の主題であるとすれば、思惟が自己自身を理解し得るためにも、思惟がまず存在するものそれ自体を理解することが必要なのである。それゆえ、「存在する」という根本規定は、特殊な範疇的存在規定に関わっている思惟の背景にあってそれを照らす光となっているばかりではなく、それ自体がまさに思惟の第一の対象にほかならないのであって、あらゆる、個別的存在者の理解も、また思惟そのものの理解も、この思惟の第一の対象の開明にかかっている。存在するものそれ自体が何であるかという問いは、こうして認識に対して認識自身の本質によって課せられる根源的な問いであることが明らかになる。この、まさに思惟そのものにとって根源的な問いを方法的に解明し、概念的に把握可能な答えに導いていくということこそが、アリストテレスが示すように、形而上学の意図にほかならない。

「存在する」ということは、第一の、包括的な普遍原理であり、それゆえ自らに付け加えられ得るものを自らの外部に一切持たないのであるから、形而上学の可能性の成否は、存在するものそれ自体について、意味のある仕方で、つまり空虚なトートロジーや同義語[17]による単なる言い換えに留まることなく語ることが可能であるかどうかということによって決定される。「(或るものが他のものに付加され得る) 第一の仕方によると、付加される或るものは、これがそれに付加されると言われるそれの本質の外にある。……しかし第一の仕方で何らかのものが普遍的な「存在するもの (ens universale)」(という規定) に対して何かを付加するということはあり得ない……なぜなら、自然の事物には、普遍的な「存在するもの」(という規定) の本質の外にあるようなものは存在しないからである[18]」。それゆえ、カント (Immanuel Kant　一七二四〜一八〇四年) に従って形而上学の問題はア・プリオリな総合命題の問題として先鋭化されると言ってもよい。つまりそれは、存在するものそれ自体についで、ア・プリオリでありながら、その意味内容を開示し得るような総合的な命題が可能であるのか、という問いである。実際カントは、次のように述べている。「それゆえ、形而上学は少なくともその目的に即して言えば、ただア・プリオリな総合命題だけからなるものなのである[19]」。この問いは、すでにアリストテレスによって『形而上学』第四巻の冒頭で明確に提起されていたもので、後にトマスはこの問いを彼の『アリストテレス形而上学註解』の中で、存在するものそれ自体に帰属する規定（entis per se accidentia）への問いとして取り上げる。「学は主題のみならず、主題に自体的に付帯するものをも考察しなければならない。それゆえ（哲学者は）初めに存在するものを存在するものであるということに即して、主題として考察し、また〈存在するものに自体的に内属するもの〉、すなわち存在するものの自体的な付帯性を考察する何らかの学が存在する、と述べているのである[20]」。

さて、超越論的諸規定を特徴付けるのは、次の二点である。つまり、第一にそれらはすべて存在するものそれ自体に帰属し、従ってあらゆる類を超越する（transcendens）規定であるということ、第二に、それゆえそれらは対象においては同一でありながら、その意味においては相互に異なっていて、そのため同じ対象についての述語として交換可能であり、またそれらの間で互いが互いの述語となり得るということである[21]。それゆえ、超越論的諸概念は存在するものに述語付けられ、また相互に述語付けられることによって、存在するものそれ自体の認識を拡張するが、それによって存在するものに対してその「存在する」という規定そのものを実在的に凌駕するような規定や、逆に「存在する」という規定を特殊な存在様式に限定するような規定が帰属させられるわけではない。このように、超越論的諸規定は本質的に存在するものそれ自体に属する述語であって、そのため形而上学の問題はこれら超越論的諸規定への問いへと結晶する。事実、アリストテレスは続く箇所（『形而上学』第四巻第二章）で、「一」が超越論的規定、つまり存在するものそれ自体に帰属する規定であることを示している。すなわち、「一」は存在するものの「自然本性（φύσις, natura）」において、つまり実在的には「存在する」ということと同一であるが、その「概念（λόγος, ratio）」ないし意味においては「存在する」ということとは異なっているのである。「〈一〉と〈存在するもの〉は一つの自然本性・実在（una natura）を異なる概念・意味（diversae rationes）に即して表示している」[22]。実際、人間（「人間」という何性ないし本質）が産み出されて存在するようになるとき、存在するのは一人の人間なのである。もちろん、この一性はこの人間の存在に新たな実在的規定を付加するわけではない[23]。「存在するもの」という単一の実在性（natura）は、複数の異なった理解内容へと展開されて解釈されながらも、このような「根源的分割（Ur-teilung）」が分節化する複数の意味内容を、形而上学的判断（Urteil）を通じて統一することができるのである。

アリストテレスは「一」に加えてさらに別の超越論的規定を挙げてはいない。彼は、「一」についての議論から反対概念、つまり後世の用語で「選言的な超越論的規定」と呼ばれることになるものについての論述に移ってしまう。超越論的概念の理論はこのようにアリストテレスの「一」についての議論を発端とするものであるが、それが「真」および「善」、さらには「美」を付け加えて拡張されたのは十三世紀の前半においてであった。つまり、盛期スコラ学の超越論的概念の理論は歴史的にはアリストテレスの形而上学がキリスト教的・新プラトン主義的な現実理解と結びつくことによって生み出されたものであると言える。この点に関して、アルベルトゥス・マグヌス（Albertus Magnus　一一九三／一二〇〇

〜八〇年）は信仰理解が持つ真理発見の力に注目した。すなわちアルベルトゥスによれば、アリストテレスは「存在するもの」を知性による概念分析の終着点としてのみ捉えたが、その根源である「第一の、一なる、知恵ある、善なる、存在するもの」である神を問題にしなかったために、第一の規定としては「存在するもの」と「一」しか指摘することができず、「真」と「善」には気付かなかったのである。確かに歴史的には、「真」と「善」が超越論的概念として主題化され得たのは、存在するものの根源としての神という洞察の光に基づいてのことであったと言えよう。ただし、もちろん「真」と「善」はこのことに関わりなく存在の根本性格としてもともと理性による認識が可能なものであることに変わりはない。超越論的概念の理論のこのような神学的次元は、各規定が三位一体のペルソナの固有の性格として帰属させられるような場合[25]——つまり神的本質に「存在するもの」、御父に「一」、御子に「真」、聖霊に「善」——には、特別に強調されることになる。トマスは超越論的概念の理論にこのような三位一体論的な基礎付けが行われているのをよく知っていたが[26]、彼自らはこれを根拠不十分であり、不必要なものとして退けている[27]。確かに、彼はそうすることによって超越論的諸規定に神の知性と意志による存在者の構成という観点からの最終的な存在論的根拠付けを与えるということを否定しているわけではない[28]。しかし、彼が目指すのは、まず神学的文脈を前提することなしに、「真」と「善」が超越論的概念であることを、存在するもののそれ自体への人間の魂の関係から精神形而上学的に開示することである。それゆえ、彼はここで認識論的には一般形而上学が哲学的神論に対しても先行するということを実地に示しているわけである。このとき彼が拠り所とすることができたのは、「神的本質の像である魂に対して事物が持つ関係に即して」[29]善が超越論的概念であることを裏付け、それによって神学的観点を哲学的・人間論的観点へと架橋したヘールズのアレクサンデルを初めとする初期フランシスコ会学派であった。いずれにせよトマスは、超越論的規定を純粋な基礎存在論的考察を通じて存在するものそれ自体から展開することを主眼としたため、キリスト教的世界観という精神史的背景をこの議論からは意識的に除外している。従って問題は、存在するものそれ自体への洞察からさらなる超越論的諸規定がいかにして獲得されるかという点に集中することになる。

三　超越論的諸規定の構成過程

（一）「存在する」という規定へのあらゆる認識の還元

認識活動が完全なかたちを取るとき、それは諸々の真理を原理から創造的・発見的に導出し、また前提と根拠へと立ち帰る証明によって根拠付ける働きとして遂行される[30]。このような思惟の過程は真理を含んでおり、この真理は確実な判断において開示される。なぜなら、あらゆる思惟の運動とその内容は、自らの現実性と真理性を自己自身に基づいて持ち、かつ自らをそのような「第一のもの」として知性の洞察に対して開示するような、何らかの根源的規定によって初めて可能にされる、それの展開だからである。この還元不可能な根源的規定を、精神は「存在（esse）」ないし「存在するもの（ens）」と語るのであり、この名が表すのは単に思惟にとっての対象であるばかりではなく、まさにそれ自身において自立する現実であるものなのである。それゆえ、精神が意味内容を把握し、認識の真理を主張し、認識の媒介過程を遂行するとき、言い換えれば概念を把握し、判断を下し、推論を進めるとき、これらの働きが真理認識の構成要素、ないし真理認識の遂行としての自身の性格を獲得し得るためには、これらの働きの中で「存在」という根源的現実そのものが、まさに精神がその働きを遂行する前提となる根拠として到達され、承認されるということが常に必要なのである。「我々は、あらゆる知的認識が必然的にそこを出発点とし、またそこに還元されるものを糸口にして……語るつもりである。我々はこれを〈存在するもの〉（ens）と言う。つまり、〈存在するもの〉は知性の第一の対象なのである。なぜなら、いかなるものも、それが現実態において存在するものだということに即してでない限り、認識され得ないからである」[31]。すなわち、真理と現実を問う哲学の根本的な問いは、思惟に常にすでに現前し、思惟を動かす第一の根源としての「存在する」という規定に向かって立ち帰っていかなければならないのであり、それゆえこの問いは分析ないし「還元（resolutio）」という性格を持つことになる[32]。アリストテレスは還元を存在するものの最高類、つまり範疇へと進めるに留まったが、トマスはアヴィケンナ（Avicenna; Ibn Sīnā　九七三／八〇～一〇三七年）と同じくこれらの最高類をもさらに「存在する」という規定にまで還元する。なぜなら、「存在する」という規定は「知性がある意味でもっとも知られたものとして第一に把握するもの、そしてあらゆる把握がそこに還元されるもの[33]」にほかならないからである。このように「存在する」という規定は「もっとも知られたもの」であると同時に、類的ないし種的な多様な諸規定の下に隠されたもの（「ある意味でもっとも知られたもの［*quasi* notissimum］」）でもあるため、これを開明し、ひいては認識全般を確実なものとするためには、精神が自らの認識する内容を意味論的・存在論的に解剖することによって自己自身の（カントの意味での）超越論的な前提を明確化する分析的活動が必要とされる。そして、精神の根源的前提ないし起源は、認識によって構成されたものではなく、むしろそれは自らを自己自身の活動によって精神に伝達し、それによって精神を初めて認識へと至らしめる「第一のもの」、つまり「それ自体によって知性に知られる原理[34]」にほかならない。しかし、「存在する」という規定はまさにこのような第一原理であるがゆえに、それは精神にとって包括的地平でありかつ究極の前提であって、具体的な現実はこの中において初めて思惟に対して自らを示すことができるとともに、「存在する」という規定自体がこの地平において最初に認識される対象でもあるのである。それゆえ、存在は地平もしくは地盤としてあらゆる内容と差異を自らの内に潜在的に含んでいるが、認識対象としては自らに付加される――超越論的もしくは範疇的な内容を持った――諸規定の展開を通じてその理解が深められることが必要となる。「従って、知性の他のあらゆる把握は、必ず存在するものへの付加に基づいて得られる[35]」。実体の範疇および付帯性の諸範疇を初めとする範疇的な諸規定（つまり、類的・種的な諸規定）が存在概念を特殊で有限的な存在の仕方ないし存在の段階へと限定するのとは違って[36]、超越論的諸規定は存在するものそれ自体の理解を拡大する概念たるべきことをその特質とする。つまりそれらは、「存在するもの」という主語の外延を狭めることなく、「存在するもの」それ自体についていくつかの異なった意味内容を述語として付加して述べるものなのである。「しかし、〈存在するもの〉の外にあるようないかなる差異も見いだすことができない[37]」とすれば、ここで存在するものそれ自体について言表される諸概念がいかなる起源を持っているのかという問題が提起されてくる。

(二) 区別の原理

存在するものがそれ自体として何であるかを述べる判断は、主語となる「存在するもの」について、それとは異なる概念を述語として言表するものでなければならないが、同時にこのような述語概念は「存在する」ということそのものが持つ在り方を開示するものでもなければならない。すなわち、このような述語概念は存在するものについての精神の把握においてのみ「存在するもの」という概念から区別されて捉えられているに過ぎないのである。それゆえ、このような述語付けの起源は、述語付けを遂行する知性ないし理性（ratio）に求めなければならない。その意味でトマスは超越論的概念である「善」について、次のように語っている。「〈善〉は〈存在するもの〉を限定しないのであるから、それが〈存在するもの〉に付加するものは、単に理性の思考によるもの（rationis tantum）に過ぎない[38]」。とはいえ、ここで追求されている規定は、それが存在するものそれ自体について言表されるものである以上、ただ単に論理的な性格の概念なのではなく、存在論的な意義を持つ概念でなければならない。従って、理性が存在するものについてのこのような新たな規定の理解を獲得するためには、存在するものそれ自体に能動的に関わることが必要なのである。理性はこのとき存在するものの中に「存在する」という規定そのものとは異なった規定を発見すべきである以上、存在するものの中で「存在する」という規定とこの新たな規定とを単に分析的にではなく創造的に分節化しなければならない。それゆえ、存在するものに関わる精神の活動に乗りながら、単なる「存在する」という規定を超えて存在するものの内実を生産的に浮かび上がらせていく作業こそが、存在するものすべてについて述語付けられ得る規定、つまり超越論的に述語付けられ得る規定を構成することができる道なのである。

いかなる区別も、それ自体に肯定と否定の対立を含む。「区別の第一の理由は、肯定と否定において考察される」[39]。「何らかの区別が存在するところにはどこでも否定と肯定の対立がある。なぜなら、肯定と否定とによって異なることがないものは、全く区別されないからである」[40]。第一のもの、つまり存在するものの「区別（distinctio）」ないし「分割（divisio）」は、この第一のもののそれに後続する諸規定ないし諸存在者に対する対立に基づいて獲得されるものではない。なぜなら、ここでまさに第一のものである存在するものがそれ自体として、それ自体において性格付けられるべきなのであり、いかなる多性も前提とし得ないからである[41]。むしろ、純一なる根本諸規定は「ただそれ自体に即してのみ区別され[42]」得るのである。従って、何らかの区別を構成する否定、すなわち何らかの新たな述語を構成するような否定は、「直接的」[43]なものである。とすれば、第一のものに関わる否定ないし欠如は、第一のものそれ自体、つまり「存在する」という規定そのものに基づくものでなければならない。「しかし、あらゆる欠如は何らかの存在を除去する。それゆえ、存在するものの場合にはその普遍性のゆえに、存在するものの欠如は存在するものに基づく、ということが生じるのである」[44]。従ってここで問われるのは、「存在する」という規定がいかにして自己自身の否定を根拠付け得るのか、ということなのだが、「しかし、存在するものが、存在するものである限りでの存在するものから切り離されるということはあり得ない」[45]。存在するものはまさに「存在する」のであり、従ってそれはこのような存在の肯定性のゆえに肯定の対象である。なぜなら、判断において語られる肯定の「である」は、存在の肯定性に基づき、またそれを主題化するものにほかならないからである。「それについて肯定的命題が形成され得るもの、そのようなものはすべて存在するものと言われる」[46]。「命題の真理は、この〈である〉という動詞によって表示される。命題の真理は事物の実在に対して、結果がその原因に対する仕方で関係する。つまり、何かが実在界に存在するということから、この〈である〉という動詞が示しているものを表示する命題において、真理が結果するのである」[47]。

存在するものは、その存在が「存在するものは存在する」という根源的判断において肯定されるが、人間の認識に対してはまず第一には有限的な存在者というかたちで与えられ、対象という在り方に従って思惟に現前する。「被造物から神の認識へと導かれる我々の知性は、被造物から取り入れた仕方に従って神を考察せざるを得ない」[48]。それゆえ、我々にとっての存在するものの基本形は、アリストテレスが述べているように実体範疇にある個的存在者なのである[49]。というのは、「存在する」ということ、そして自存性は、存在するものにとって決して何らかの付帯性、つまり二次的に付加された規定ではなく、存在それ自体が持つ特質であって、それゆえこれらの特質はまず第一に、自らにおいて存在を持つもの、つまり実体に帰属するからである。「(〈存在するもの〉と〈一〉とを実体について述語付ける根拠を求める際には）第一のものに留まるべきである。つまり、事物の実体はそれ自体によって一であり存在するものなのであって、付加される何らかのものによってではないのである[50]」。しかしながら、実体の存在の肯定性は、その存在の事実的な在り方に即するならば、常に自らに対比される非存在の可能性によって規定されている。すなわち、事実的な実体存在は自らの前提としてこのような非存在の可能性を自己自身の内から投射すると同時に、それを自らの存在の肯定性によって克服されたものとして打ち消しているのである。つまり、存在するものは人間の認識においては自らの存在を非存在に対する対立を通じて主題化するのであり、否定はこのようにして存在するもの自体によって可能にされ、また存在と非存在（ens et non-ens）の第一の分割は存在するものそれ自体の内から構成されるのである。なぜなら、存在の同一性は「肯定的真理が否定的真理に還元されることなしには知解され得ないからである。例えば、〈御父は自らによってある。他のものによってあるのではないがゆえに〉と語られる場合のように[51]」。従って、否定と区別、ひいては概念の多性が生起する起源は、存在するものの純一で肯定的な存在自体が判断において自らを知性の理解に対して開示するということにあるのである。「それゆえ、明らかに多性もしくは分割の第一の理由ないし原理は肯定と否定にあるのであり、その結果多性の起源は次のような順序であることが理解される。すなわち、第一に〈存在するもの〉(ens) と〈存在しないもの〉(non-ens) が理解されるべきであり、これらに基づいて第一の分割されるものども自体が構成され、かつこのことによって多数のものが存在することになるのである」[52]。とすれば、区別を可能にするものは、存在と非存在という根源的に異なる二元ではない。すなわち、ここで語られているのは存在と非存在の相違性 (diversitas) を原理とする存在論的二元論ではないのである。むしろ、知性が純一なる一者を出発点とし、肯定と否定を通じて行う分割 (divisio) が、初めて相違するもの、ひいては多性を構成する。「第一のものの多性に先行するのは分割であって、相違性ではない。なぜなら、分割は肯定と否定によるものであるのだから、分割される双方のものが(すでに)存在していることを必要としないからである。これに対し相違性は、双方が(すでに)存在するものであることを必要とし、従って多性を前提している」[53]。このように、「存在するもの」という概念と「存在しないもの」という概念(ないし「存在」の概念と「非存在」の概念)とが作り出す概念的多性は、「肯定/否定」という対立から生じてきたものである。それゆえ、知性に対して「その一方のものはもう一方のものではない」という二者の対立関係が成立し得るのも、さらには知性が二者を関係付けたり比較を行ったりする可能性が生まれてくるのも、「肯定/否定」による分割に基づくのである。「この多性から、相違性の概念が帰結するが、それは相違性の概念においてその原因の効力、すなわち〈存在するもの〉と〈存在しないもの〉の対立の効力が持続する限りにおいてである。というのは、多数のものの内の一方のものが他方のものに対して比較されることで、〈相違する〉と言われるのは、一方のものは他方のものではないということのゆえなのである[54]」。

存在するものはこのように自身を非存在から区別するとき、この「非存在」を「他(aliud)」として自身に対置するが、その結果知性は存在するものを二つの仕方で考察することが可能になる。すなわち、知性は第一に存在するものが非存在との区別に際して自身を非存在に先立つものとして示す限りにおいて、存在するものをそれ自体において(in se)考察することができ、また第二に存在するものを、自らとは(少なくとも概念的に)区別される「他」との関係において、比較しつつ考察することができるのである。もちろん、ここで存在するものに対して「他」と言われているものは、明らかに存在するものに対して二元論的に並立する何かではなく、存在自体の側から知性の働きを通じて構成されたものであると考えなければならない。さて、それゆえ超越論的諸規定ないし「あらゆる存在するものに一般的に随伴する在り方」は、「二つの仕方で捉えることができる。つまり、第一の仕方によると、そのような在り方は、存在するものをそれ自体において(in se)見たとき存在するものすべてに随伴するものとして捉えられ、また第二の仕方によると、存在するものを他との関連において(in ordine ad aliud)見たときに、それぞれの存在するものに随伴するものとして捉えられるのである[55]」。このようにして、人間精神における存在するものの自己開示に基づいて、まだ超越論的諸規定それ自体ではないが、それらの第一の分節原理が、少なくともその形式的構造に即して獲得された。すなわち、第一に「肯定／否定」という精神の基本的機能が、第二に存在するものをそれ自体として主題化する見方と非存在との対立において主題化する見方という二つの可能性が、第三に存在するものをそれ自体において見る観点と他のものとの形式的関係において見る観点の二重性が、その生起そのものに即して演繹されたのである。あるいは、存在するものの自己開示性に基づく知性能力の自己構成の進展が、ここで存在するものそれ自体の理解の進展として主題化されているのだ、と言うこともできよう。存在するものはそれ自らによって知られるものであるがゆえに、理性の根本活動と根本概念はこのような存在するものとの関わりによって成立するが、それと同時にまさにこのような存在するものを分節化された理解へと展開するのである。それゆえ、存在は直観的に先立って与えられる原理と見なされるとともに、言語的理性によって構成される対象とも見なされるが、この二つの側面は決して相互に他を排除するものではなく、むしろこの二側面は互いに循環的に展開していく過程をなしているのである[56]。

以上のような考察を行う際には、次のような認識がその基礎にある。すなわち、後にドゥンス・スコトゥス（Johannes Duns Scotus　一二六五／六六～一三〇八年）が超越論的諸規定を根本的には相互に関連し合うことなく、従って定まった順序を持たないものとして単に列挙したのとは違って[57]、トマスはこれらの諸規定の厳密な演繹を目指し、かつこの演繹の原理を人間の理性の働きの内に見た、ということである。方法的に厳密な演繹、しかも超越論的諸規定すべてを含んだ完全な演繹を求めるこのような意図は、例えば「単に思考のみによるものは、二種類以外にはあり得ない[58]」といったような否定的、限定的な語り方の中に現れている。明らかにこのような表現の背景には、存在するものそれ自体が自らを理解に対して開示するための媒介とし得る精神の根本行為の全体を明確に確定する理論が存在しているのである。

このように見てみると、トマスの超越論的概念の理論にはヘーゲルの『大論理学』の問題意識や体系的意図と重なり合うような、形而上学的根本概念の体系的演繹の構想が含まれていることがわかる。この二人の思想家は共に、演繹をアリストテレスに依拠してまず「存在する」という規定から開始し、これを否定ないし欠如を通じて進行させ、まず最初は「非存在」へと進めていくのであり、この点で一つの洞察を共有しているとも言えよう。ただし、すでにこの共通の起点自体の中に、両者の根本的な相違も含まれている。つまり、トマスは否定を有限的な精神が範疇的、有限的な実体を前にして遂行する働きとして理解し、それをいかなる否定も容れない存在それ自体の純粋な積極性と豊かさから根本的に区別する。存在それ自体の積極性と豊かさは、有限的な思惟に対してもまさに否定の無制約性の前提として先行し、その根拠となっているのであり、有限的思惟自体によって常にすでに肯定され、遂行されているのである。一方、ヘーゲルは存在と人間精神におけるその認識のされ方を最終的には区別しないため、否定およびそれによって演繹される諸々の根本規定を存在自体に属する必然的な本質様態と見なす。トマスはこの点でヘーゲルと対立するのである[59]。すなわちトマスにとっては、超越論的諸規定についてそれらの相互の区別という相は、存在するものをめぐる人間の理解の仕方のみに由来するものであることが反省的に理解されるのであり、超越論的諸規定は確かにその複数性のままで「第一のもの（prima）」として承認されるとはいえ、やはりそれ自体においては実在的に区別のないもの、つまり（まさに「一」であり、かつ「真」であり、かつ「善」であるところの）「存在するもの」の存在に還元される。それゆえ、人間の理解の理性的（ないし悟性的）な多様性も、存在とは区別される有限的精神における存在自体の自己表出として、この同一の存在へと還元されるのである。

(三)「もの」と「存在するもの」

存在するものをそれ自体において考察する観点は存在するものを理性的に理解するための第一の見方であるが、この見方そのものも存在するものに外側から持ち込まれた単なる理性的形式なのではなく、存在するものそれ自体が持つ性格に対応し、それを照らし出すものなのである。すなわち、存在は端的に第一のものである以上、何らかの他なるものにおいてではなく、ただ自己自身において存在として存するほかはないのであり、それゆえ存在にとってその本質に即した在り方は「自存（subsistentia）」という在り方にほかならない。「(存在が）本来の意味で属するのは、自存するものに対してであるが、……なぜなら、存在が本来の意味で属するのは、存在を持つものに対してである。これはすなわち自らの存在において自存するもののことだからである」[60]。それゆえ実体が超越論的諸規定の基本的な担い手であるのは、単に実体が人間の認識にとって第一義的な対象であり、あるいは述語付けの担い手となる主語であることのみによってではなく、むしろそれ以前の存在論的な次元において実体がまさに自存するものとして、存在の自己実現の場であるということによってなのである。

存在するものが他のものとの関係ではなくそれ自体において考察されるとき、この「それ自体における存在するもの（ens in se）」を把握し、言い表そうとするためには、「それ自体における存在するもの」をそれ自体に対して区別するような、思惟による分割が必要である。すなわち、この区別を行うことによって「それ自体における存在するもの」を主語としてそれに付加される述語が得られるのである。すでに示されたように、区別は「肯定／否定」の対立に基づくものである以上、「それ自体における存在するもの」は肯定的にも否定的にも性格付けられることが可能である。つまり、「それ自体における存在するもの」に随伴する在り方（つまり超越論的規定）は、「存在するものにおける何かを肯定的に表現するか、あるいは否定的に表現する」[61]。このように、存在と非存在、ないし肯定と否定の間の第一の区別は、「それ自体における存在するもの」におけるこのような第二次的な区別において反復されるのである[62]。

存在するものそれ自体の第一の肯定的な性格付けがいかなるものであるのか、という問いは、存在するものそれ自体が知性の第一の対象であることから、肯定的な述語付けそのものが何を言表するものであるのか、という問いと重なり合ってくる。この二番目の問いは、「それ自体における存在するもの」の存在論的規定を問うとともに、理性的な、つまり判断を行う認識活動そのもののの内容と遂行をも問うことになる。さて、認識活動が構成されるのは、存在するものが持つ「自らにおいて自立する」という特質、つまり自存性が、認識遂行の内在性に反映されて再遂行されることによる。つまり、認識活動は、本質的に「魂において[63]」生起するのである。しかし、精神は存在するものを自らにおいて把握しつつも、同時に存在するものの本質ないし何性を把握することによって、存在するものを存在するもの自体において把握する。それゆえ、存在するものそれ自体について肯定的に言表される述語は、存在するものの何性ないし本質を表現し、それによって本質判断を構成する。このようにして存在するものが、悟性によって述語付けられるこの何性ないし本質という観点において把握されるとき、「存在するもの（ens）」は「もの（res）」として現れるのである。[64]「〈もの〉という名称は、存在するものの何性ないし本質を表現する[65]」。「存在するもの」の「もの」としての規定は、「存在する」という規定の後に初めて現実化されるものではあるが、存在するものそれ自体の明確な対象的把握のための可能根拠となる規定であり、ゆえに「存在するもの」と同じく普遍的なのである。そのためトマスは、アヴィケンナに従って[66]次のように結論付ける。「〈もの〉は超越的なものに属する[67]」。なぜなら、「〈もの〉と〈存在するもの〉とは、置き換えられる[68]」からである。

しかし、「もの」であるということ、あるいは「もの」の本質は、存在するものそれ自体について言表される以上、それは単に、また第一義的に悟性の機能なのではなく、存在論的な規定である。それゆえ、どのようにして知性は本質という側面を存在するものそれ自体から区別して明確化することができるのか、ということが問題になる。さて、すでに存在するものの「自らにおいて自立する」という根本性格自体、つまり自存性自体を可能にしているのは、存在が存在するものにおいて自らをそれ自体の内に完結した意味の全体性として実現するということにほかならない。そして、まさにこの意味ないし何性の全体性は、「本質」というもの「によって」確保されるものである。[69] 本質は確かに作動因ではないが、[70] それによって「存在が……いわば構成される原理」[71] であると言える。こうして、知性は存在するものの自存性を通じて本質を、存在が形相と確かな支点を得る拠り所として発見するのである。「それぞれの〈もの〉(res) は、それによって自らがあるところのものとなるための、確定性 (certitudo) を持つ」[72]。なぜなら、「形相は、自存するための原理だからである」[73]。

また、知性が存在するものについてその本質をその存在から区別することができるようになるのは、知性が存在するものに第一義的には範疇的実体、つまり有限的な種的本質を保有する存在者という在り方において出会うからである。有限的な種的「本質は、いつも存在を構成するとは限らない」[74] のであり、それゆえ自らを存在するものの存在とは区別されるものとして示す。なぜなら、あるものの本質ないし定義が認識されても、それによってこのものの実在についての問いはいまだ決せられないからである。認識によってのこのような差異に基づいて、存在するものが「何であるか (quod est)」ということと「存在するのか (quia est)」ということ、およびそのそれぞれに応じた証明方法が相違することになり、その結果このような基本的な理性の活動の二つの種類が人間精神に固有の対象として与えられる存在者における存在と本質の区別に基づいて構成されるのである。「しかし、〈人間が何であるか〉ということと〈人間が存在する〉ということは別である。というのは、本質的に〈存在するもの〉であるところの存在の第一の根源においてのみ、存在するということ自体と、その何性とは同一であるが、分有によって〈存在するもの〉である他のすべてのものにおいては、存在するものの存在と何性とは必然的に別だからである。それゆえ、人が〈何であるか〉ということと〈存在するのか〉ということを同じ証明によって証明することは不可能なのである[75]」。

しかし、知性は存在と本質が異なることを、ある存在者が生成しまた消滅することから遡って推論することによって認識するばかりではない。知性は単純な精神的洞察によって、存在という現実態性（ものが存在するということ［rem esse］、実在性［existentia］）が存在するものの何性を凌駕していること、つまりそれが何性とは「別のもの[76]」として、「別のものから[77]」事物に「外的に帰属する[78]」ことを観て取る。この「存在するという現実態[79]（actus essendi）」は、「実体の現実態性[80]（actualitas substantiae）」であって、アヴィケンナが言うような存在するものの付帯性なのではない[81]。なぜならそれは「存在するものの現実態[82]（actus entis）」ないし「本質の現実態[83]（actus essentiae）」であって、存在するものにとって偶然的・外的なものではなく、「形相の完成[84]（complementum formae）」として形相をその可能態性から自らに固有な存在の仕方の現実態へと引き上げるものだからである。しかし、その一方で存在するものの現実態としての存在には何らかの無制約性が属しており、この無制約性は、あらゆる有限な本質から独立して自存する存在という現実を、言い換えれば「存在そのもの[85]」が、「存在する」という無制約性の本質的な核心、根源として実在しているということを証示している。つまり、「神の固有の結果は、存在なのである[86]」。すなわち、「可能態においても、また現実態においても存在するようなものはどれも、より上位の現実態を分有することによって現実態において存在するようになる。しかし、或るものが最も現実態において存在するようになるのは、類似によって第一の純粋な現実態を分有することによってである。第一の現実態とは、それ自体によって自存する存在であり、それゆえいかなるものもそれが存在を分有することによって完成を受け取る。それゆえ、存在はあらゆる形相の完成である。なぜなら、形相は存在を持つことによって完成され、現実態において存在するときに、存在を持つからである。以上のことから、いかなる形相も、存在によらなければ、存在することはない[87]」。つまり、有限的存在者が持つ存在の現実態性は、純粋現実態に対する類似[88]であるがゆえに、有限的本質を自らとは異なるものとして区別するとともに、自らの現実態性を有限的本質に授与するのであり、その限りで有限的存在者はその現実態性において自らを「分有によって存在するもの[89]（ens per participationem）」として示すのである。いかなる本質も自己自身の現実態性を、それがただ「受け取る[90]」ことができるに過ぎない存在の現実態によって持つ以上、本質は自らの基準、根源にしての存在に遡って自己自身を関係付け、自己を「〈存在するものの現実態〉である〈存在〉を持つ〈もの〉[91]」として遂行する。それゆえ、存在するものの自己遂行は、存在するものの存立の基盤となる分有関係の遂行として本質と存在の差異を開示すると同時に、この差異を本質と存在の「結合」[92]、あるいは自存に向かう存在の運動[93]によって架橋する。この統一された二重性に基づいて、同じものがその存在ないし現実態性において考察される限りでは「存在するもの（ens）」と呼ばれ、またその本質ないし何性において考察される限りでは、「もの（res）」と呼ばれることが可能となるのである。「この〈もの〉という名称は、何性のみに基づいて措定されるものであるが、この〈存在するもの〉という名称は、存在の現実態に基づいて措定されるものである」[94]。

しかし、存在論的に見るときには、存在するものの存在は、それが現実態である限りにおいて存在するものの有限的本質よりもより根本的なものであり、存在するものにとってより内的なものであるのに対し、有限的本質はある一つの存在の仕方なのであるから、それは存在が限定されたものとして理解すべきである。それゆえ、「存在するもの」の理解は「もの」の理解に先行する[95]。従って知性にとっても、存在するものに対してその現実態性において開かれること、あるいは存在それ自体を存在論的に肯定することは、諸々の本質を考察すること、あるいは諸々の本質を諸可能性の（観念論的な）体系へと内在的に整合化することよりもより根本的である。その意味で「もの」に対する知性の一致は、常に存在それ自体への知性の超越によって根底から規定されており、また「もの」に対する知性の一致の真理[96]は、この超越によって可能にされているのである。

（四）「一」

「区別（distinctio）」ないし「分割（divisio）」は、当初は肯定と否定、ないし存在と非存在の対置に基づいて遂行される理性の作用として、純粋に形式的にのみ得られるものとして規定されたが、存在と本質との差異の開示に伴い、その所在は存在するもの自体の内に移される。さて、区別というものは否定や相違性を含むが、否定や相違性は存在するものそれ自体にとっては根本的に異質なものである。なぜなら、「存在は、存在である限りにおいては、相違するものであることは不可能だ[97]」からである。それゆえ、「区別」は、その実在的「分割」との違いを明確にしない限り、存在するものがそれ自体として持つ存在性格を脅かすものとなる。「いかなるものの存在も非分割において成立する[98]」。そのため、存在を持つものとしての存在者と、それが理性の作用なのか、それとも実在的分割なのかがまだ反省的に弁別されていない「区別」との間には、ある緊張関係が生じる。この緊張関係を克服して、存在するものそれ自体が自らを確保し、また知性によって確保されるためには、存在するものから実在的分割を排除し、存在するものを「分割されないもの（indivisum）[99]」として、つまり「一なるもの（unum）」として主題化するという必然性が生じるのである。「非分割とは分割の欠如のことを言うが、一性は非分割のことであるから、必然的に一性とは分割の欠如のことを言う[100]」。ここで「一」という概念はさしあたって分割の否定を意味するに過ぎない。トマスはこの点をしばしば強調するが[101]、それは「一」をプラトン的な超越的実在として[102]、あるいは存在するものに対する実在的な付加として（例えばアヴィケンナのように付帯的な付加として[103]）解する見方を排除しておくためである。さて、「否定」（つまり「非存在」）

の否定は、「存在するもの」をその現実態性において再び主題化するに留まるが、「分割」の否定は「存在するもの」の理解を「一」の理解へと深化させる。「〈存在するものは一である〉と語られるとき、それは無駄に言葉を繰り返しているわけではない。なぜなら、〈一〉は〈存在するもの〉に対して概念的には何かを付け加えるからである」[104]。こうして、存在するものの現実態性ないし積極的措定という性格は、分割の可能性という地平の中に置かれるときには、存在者の自己自身との一性という在り方として現れてくる。「分割が一性に先立つことは必然的であるが、それは端的にではなく、我々の把握の仕方に即する限りにおいてである。……しかし、分割は、存在するものを否定することとそれ自体に基づいて知性に捉えられる。このようなわけで、第一に知性の中に入ってくるのは〈存在するもの〉である。……第二に我々は分割を把握し、第三に〈一〉を把握する」[105]。この「一」の概念は「存在するもの」それ自体の理解の中から生起するのであるから、「存在するもの」の概念と同じく超越論的である[106]。しかし、量の範疇に属する付帯性の一種であり[107]、連続量に対する非連続量として規定される「単位としての一性」、ないし「数的な一性」は、この超越論的規定としての「一」の概念からは区別しなければならない[108]。

「一」の概念は「分割」の概念の否定的媒介を経て主題化されたが、このときそれに伴って「区別」および「分割」の概念から導き出された「相違性（diversitas）」という規定もまた、同じく否定されることを通して「同一性」という「存在するもの」自体に具わる新たな規定へと導く。すなわち、この認識過程においては、存在の自己同一的性格が発見されるとともに、理性による同一化の働きと、その中に含まれる再帰性の遂行が基礎付けられる。同一化の働きは総合としての判断を構成し、それにより判断による理解そのものを初めて可能にするが、これと同様に再帰的反省もまた真理の発見を可能にする知性の基本的活動なのである。「知性は自己自身を反省することに即して真理を認識する[109]」。それゆえ、存在するものによる一性の遂行は、知性が自己の発見を通して真理を反省的に認識された自己の事物との一致として遂行することを可能にする。「というのは、知性は自らの活動を反省するとき、自らが知解していることを知解するからである[110]」。

従って、同一性（identitas）の洞察とは、一致（unio）の遂行における「一」の認識である。「同一性とは、一性ないし一致である[111]」。しかし、この一致は何らかの二性を前提とし、この二性は「一なるもの」が自己を二重化すること、言い換えれば、理性がこの二重化を実現しつつ存在するものをそれ自体から区別することによって生じる。なぜなら、一性そのものが再び区別の概念に媒介されることによって[112]、多性の原理となるからである。「一性からまず発出してくるのは〈等しさ〉（aequalitas）であり、次に多性が発出してくる[113]」。同一化の働きにおいて、「知性は実在的に一つであるものを、二つのものとして用いる[114]」。そうすることによって、「或るものが自らと同一であると語られるときに[115]」、知性は「同一のものそれ自身への関係[116]」を考えることができるようになる。それゆえ、知性は「関係を知解するために[117]」、同一性を考えることを可能にする思考上の二重化を用いるのである。さて、この「同一性の関係[118]」は、まさに同一性それ自体を理解し得るためには、「ただ思惟のみによるもの」[119]として認識されなければならないから、知性はこの関係を考える中で自らを思惟される存在者とは区別されるものとして把握し、それにより存在者に対する自らの自己同一性へと立ち帰る、つまり自己同一的な存在者へ向けて自己を意識する理性的な志向性を発展させるのである。このように、「二」への洞察に基づいて遂行される同一化の働きにおいて、「等しさ」、「多性」、さらには「他」、そしてとりわけ「関係」といった存在論的規定が獲得され、また「総合」、「反省」、「志向性」、「真理認識」などの精神形而上学的な諸々の遂行が生起してくる。従って、「二」がこれ以降の超越論的諸規定の分節化の原理であることはすでに明らかであろう。つまり、「他」への関係、および超越論的規定としての「他」や「真」は、「二」を原理として導き出されていくのである[120]。

同一化の働きの中で思惟される同一性の関係は単に思考上のものに過ぎないが、しかし同一化の働きは空虚な思考の戯れではなく、事物の一性を基盤とするその実在的な自己同一性を把握する。しかし、そのような自己同一性が現実化する根源的な場面は、人格的な自己意識にほかならない。「思考上においてのみならず、実在的に、人は自己と同一である——確かに(この同一性の)関係は単なる思考上のものであるが。それは、(この)関係の原因が実在的であるということによる。つまり、(この関係の原因は)実体の一性であり、知性はそれを関係(という観点)の下で知解するのである[121]」。

このような実在的な自己同一性によって、「二」の概念の中に「分割」という否定として含まれている端的な否定性は、肯定的概念へと克服される。さまざまに異なった程度で実現される一性の諸段階を捉えるための視野は、この根本的な肯定的理解によって初めて開かれる。というのは、否定はそれ自体としては不可分なものであるため、この点は「一」の否定的定義によっては明確化され得ないからである。「それぞれのものは、それが一である程度に従って存在する」[122]。しかし、このような一性の諸段階を一性の否定的概念と結び付けることは可能である。つまり、一性の概念において否定される「分割」は段階的差異を許容するのであるから、それと平行して「分割されないもの」も差異を生じるからである。「欠如はそれ自体に即しては大小の程度の差異を受け付けないが、その反対物が大小の程度の差異を受け付けるということに即してならば、欠如的なもの自体も大小の程度の差異に即して語られるのである。それゆえ、或るものがより多く分割されている、もしくはより多く分割し得るということ、あるいはより少なくそうであるということ、あるいは全くそうでないということに即して、或るものはより多く、そしてより少なく、あるいは最大限に〈一〉であると語られるのである」[123]。

しかし、一性がこのように最高の一性に向かって近づいていく段階的差異を許容するのであるならば、一性は最終的に単なる静止的な概念ではなく、存在するものの存在に根差す、自己との一致を求める運動にほかならないのである。「事物が自らの分割にできる限り抵抗すること、そしてそれぞれのものの分解はこのものの欠陥に由来することを我々は見る」[124]。存在するものの存在はまさにその一性という特質のゆえに欲求の目的なのであり[125]、従って一性の概念は存在するものの「存在」からその存在論的な「善性」へと架橋する役割を果たすのである。[126]

（五）「或るもの」

「もの」および「一」という超越論的規定によって、存在するものをそれ自体において肯定と否定を通して規定する可能性は尽くされる。しかし「一」の規定においては、精神がこの規定を同一性として展開することによって、存在者が自己を開示するさらに新たな観点がすでに姿を現していた。つまり、同一性、つまり存在するものの自己自身への関係は、実在的基盤を持つとはいえ、関係としては単なる思考上のものに過ぎないのであるから、同一性の関係はこの関係自体を構成するものとしての知性の存在に光を当てる。知性は、この同一性の関係を構成し、かつそれを通じて自らを存在するものから区別するのである。それゆえ、存在するものは知性に対する「他」であると言えるし、また知性も存在するものをそのようなものとして認識するようになるが[127]、このとき存在するものは自己自身において存在するということを超えて、何らかの「他」、さしあたっては人間精神へと関係付けられ、かつこの関係においてそれ自体もまた「他」として性格付けられることになる。それゆえ我々は今、知性がすでに一なるもの、同一なるものを洞察する中でこの認識の超越論的制約としてつかんでいたものを、その論理的・精神形而上学的・存在論的生起に即して明確なかたちで把握し直さなければならない。

存在するものをそれ自体において考察する観点に対置されるのは、それを「他との関連・

秩序において（in ordine ad aliud）[128]」考察する観点である。超越論的諸規定を分節化する新たな分節原理となるこの観点は、何らかの「他」を前提としている。そしてこのことは、この分節原理が最初に分節化する「或るもの（aliquid）」という超越論的規定――トマスはそれを「他である何か（aliud quid）」として解釈する[129]――についてもあてはまる。それゆえ、「他との関連・秩序において」という観点も「或るもの」という規定も、さしあたって人間知性に相応する対象であり数多く存在する有限的な存在者を考慮するものであると言える。なぜなら、神、つまり「自らの存在であるような、そのようなものは、一つしかあり得ない[130]」のであり、そのような絶対的存在について実在的に「他」との関係を語ることはできないからである。さて、実在的な「他」という規定は、分割の概念のみによって定義することは不可能である。なぜなら、「他」が分割されたものとして区別され得るためには、つまり「他」という性格において現れることが可能となるためには、その前提としてまずそれ自体において存在していることが必要なのである。この「他」というものの自体的存在を理解するためには、それを超越論的諸規定の原点であり基盤である「存在するもの」という規定に基づいて解明しなければならない。それはすなわち、存在するものそれ自体が何らかの「他」に対して自らを（第二の）「他」として主題化する、ということである。というのは、「他」という超越論的規定は存在するものそれ自体に帰属する規定である以上、存在するもののそれ自体が、自らとは異なったものとして前提される何か、つまり「他」に対して、自らを「他」と規定しなければならないからである。それゆえ、「他」という規定は多数の存在者間の相互的関係を含意している。しかし、多性は一性を前提する。なぜなら、多性に含まれる各項は、それぞれがそれ自体で一なるものでなければならないからである。それ自体において一でないものは、自らとは別なものが「他である」ことを許容することができないのであり、従ってまた「他」として前提される「他」から自らを区別したり、この「他」と共に何らかの多性を形成するということもできなくなるのである。「我々は、区別されたもののそれぞれに一性を帰属させることによってでなければ、区別されたものが多性の性格を持つと理解することはない」[131]。こうして、多性の概念は、これまた分割の概念の媒介を経て、一性の概念から得られるわけである。「多性の知解が得られるのは次のようにして、すなわちこの存在者が他の存在者から区別され、またこれらのそれぞれがそれ自体においては一なるものであるということが知解されるのに従ってである」[132]。また、多性は「諸々の一性の集合」[133]としてそれ自体が一種の一性であるから、その点でもそれは一性に基づいて把握される必要がある。また、このことはもう一つの点、つまり他性は関係概念であり、それゆえ一つの包括的な秩序・関連（ordo）の中においてのみ成立し得るものだということからも明らかである。しかし、秩序にせよ、関連にせよ、それらは一性の派生的な在り方であるから[134]、秩序についても、また秩序が前提とする多性についても、その起源を一性それ自体の内に探らなければならない。先に取り扱われた超越論的諸規定の場合でもすでに明らかなように、或る超越論的規定は原点としての「存在するもの」に対してはその内容的規定として得られるが、後続する超越論的規定に対してはその理解のための形式的（部分）原理として機能する。例えば今の場合、一性は他性、多性、関係、秩序のためのそのような原理となっているのである。[135]

形式的に見るならば、知性はすでに以前の超越論的諸規定に際して遂行された働きによって、関係の概念、およびそこから多性、秩序、比較、全体性の概念を構成し、遂行する可能性を得てはいた。つまり、すでに「分割」が相互に異なる諸項、すなわち諸々の「他」からなる多性を作り出し、ひいては対立関係という在り方の内に一つの秩序を持った全体性を把握する可能性を開いたが、さらに同一性の概念においてはこのような関係と一性が明確なかたちで考えられていたのである。しかし、「他との関連・秩序（ordo ad aliud）」、および「他である何か（aliud quid）」としての「或るもの（aliquid）」の概念において新しいのは、ここで「他」が実在的な他の存在者として理解されているということ、従ってまたこのような多くの実在的な存在者をさらに措定することが何によって可能にされているのかが洞察されなければならないということにほかならない。

さて「一」には、「一である」ということが述語付けられる存在者についての肯定的措定という性格が含まれている。なぜなら、存在するものの存在は自己自身との一性ないし一体性ということによって確立され、存続し、自存性、そして自己同一性を獲得するようになるからである。「というのは、いかなるものの実体も、それ自体によって一であって、付帯性によって一なのではないからである」。[136]従って、「一」は単に分割の抽象的否定をその本質としているのではない。「一」は、まさに「〈存在するもの〉そのものを、それにただ否定を付け加えたかたちで措定するのであるから、その限りにおいて（積極的に）或るものを措定するのである」[137]。しかし、「存在する」ということそれ自体は存在するものの自己自身との一性という在り方に尽きるものではないから、「一」が持つこのような積極的な措定という性格によってはまた他の存在者の措定も基礎付けられることになる。「一」は「それが措定するものへと関係する限りにおいて」考察されるならば、「その結果としては、多性を構成するのである」[138]。

「一」はさしあたって有限なものとして考えられる限りでは、純粋存在やその一性から区別される。「被造物における神の痕跡（vestigium Dei）に属する〈一〉が、〈存在するもの〉と置き換えられる〈一〉である」[139]。有限的一性は、分有関係に基づき自らを無制約的存在と包括的一性に対して相対化することを通じて、可能な他の有限的諸存在者に対しても絶対存在という同じ地平の内部において自己を限定する。有限的一性はこうしてこれらの存在者に、自らと並んで、また自らとは異なるものとして共に存在する可能性を許容し、また自らに対して、まさに自己自身「以外の何ものでもなく」、「この（他の）ものではない」ものとして「他である」という性格を帰属させる。「つまり、〈或るもの〉とは、〈他の何か〉というのと同じであり、それは〈これではないもの〉というのと同じである。というのは、すべての〈存在するもの〉は〈或るもの〉であり、従ってただ〈それ〉である以外の何もの（例えば〈これ〉）でもないからである」[140]。このように、存在するものは自らとは異なるものが存在する領域を許容し、また自らをそれと同列に置くことにより、多中心的な世界という開かれた空間それ自体を構成するのである。

また、「一」は存在措定という性格を持つが、この性格は「一」に対して新たな意味において[141]存在を肯定するという能力を付与し、その限りで「一」はほとんどプラトン的な意味において「善」と同様の原理となる。この意味において、自己自身との一性は友愛の根源であり[142]、多性の原理である[143]。つまり、存在するものは自己自身の存在を一性や一致という仕方で遂行することによって、自己以外のさらなる存在者を――現存の存在者は志向的に、また新たな存在者はそれを実在的に産出することで――肯定することに向けて自らを開くのである。それゆえ、「他」の概念の内に含まれる「これではない」という否定は、存在するものが自己以外の存在者の持つ固有性を尊重して、自らの分を守るという意味を持っている。すなわち、有限的存在者は自らの存在の一性を介して、自らが関わり、あるいは産出する他の存在者にはそれ自身に固有な存在があるということを肯定する。なぜなら、一性は自らが自らでしかないということを含意しているため、このことからは他の存在者が独自の存在を持つことが帰結し、また自らが存在者を産出する場合は、その産出の結果としてやはり自らの一性とは区別される独自の存在を持った他の存在者が構成されるからである。「他」の概念においては、このように存在するものが存在というすべてのものに共通の空間、つまり世界を地平として、いわば互いに尊重し合いながら自らの限界を守るということが表現されている。とすれば、この自己限定はまさに「他」を前にして、また「他」に向けて遂行されるものであるがゆえに、それは同時に自己を「他」のために対象化し、与えるという自己遂行へと進むであろう。なぜなら、存在するものは自らを何かに向けて「他」として構成するが、存在するものはまさに「他」である限りにおいて、そのような何かのために存在するからである。そして、存在するものが自らにとっての「他」に対して「他」であるという差異性は、存在するものが精神に対して自らを表出し提供するという在り方において、その根源的かつ究極的な形態に達する。というのは、ただ精神のみが「他」をまさにそれが「他」であるがままに在らしめ、それを自立した存在者として承認することができるからである。従って、存在するものが対象として与えられるということの第一義的な根拠は、存在するものが知性の側から対象化されることにではなく、存在するもの自身が（精神という）他の存在者に対して自らを対象化するということにある。この自己対象化は、存在するものが他の存在者にその独立した存在を認めるという仕方でそれを肯定し、また或る場合にはこの「他」自体を措定し、そしてそれに対して自らを現前させる、という働きに基づくものなのである。

(六)「真」と「善」

「一」と「他」についての考察は、「真（verum）」および「善（bonum）」、ひいては精神の活動一般への移行の道を示す。事実トマスにとって「一」という規定は、純粋に存在論的な事態と精神的遂行（および両者それぞれに対応する超越論的存在規定）の関係の内部において、鍵となる位置を占めている。すなわち、「一」においては遂行一般がその認識と意志への区別に先立って考察されるのである。なぜなら、「一」は自己遂行（つまり同一性）の基盤であり、かつその様式だからである。それゆえ「一」は、例えば認識の可能根拠として語られる。「〈一〉が知解されないならば、何も知解されない。なぜなら、知解する者は、（知解する対象を）必ず他から区別するからである」[144]。その際、認識遂行の一性の程度は可知性の段階を積極的に規定する。「〈真〉は〈一〉を前提する。なぜなら、真の観念は知性の把握に基づいて完成されるが、いかなるものもそれが一である程度に従って可知的だからである。つまり哲学者が『形而上学』第四巻で述べているように、〈一〉を知解しない者は何も知解しないのである」[145]。しかし、今や我々は認識と意志という精神の遂行が超越論的諸規定の構成過程に明確なかたちで参画してくる場面での問題の構造を再構成しなければならない。

「存在するもの」は、まずそれ自体において考察され、「もの」および「一」という概念によって規定された後、「他」という超越論的規定によって他のものに対するその開きと関係が明らかにされた。「他」の概念は「これではない[146] (non-hoc)」という在り方において対立を含意しており、それゆえ区別の原理として機能する。あらゆる区別の第一原理としての否定からは、「多性」の概念を経て[147]「相違性」という超越論的規定が得られる[148]。「相違性は、双方が（すでに）存在するものであることを必要とし、従って多性を前提している」[149]。ただし、相違する多数のものは、「集合」の概念によって統一することができる[150]。しかし、理解地平が新たな超越論的諸規定によってさらに拡大されるためには、むしろまさに「相違性」の概念それ自体に基づいて存在するものそれ自体を新たに規定するべきである。こうして提起される課題[151]は、「存在するもの」それ自体に、自らとは相違する存在者との比較(comparatio)ないし関係[152]に基づいて帰属する規定を見いだすということにほかならない。ただし、個別的な存在者ではなく、「存在するもの」にとってそれが存在するという限りでは、自らとは相違するものに対するいかなる実在的関係もあり得ない。その第一の理由は、「存在それ自体は、(自らに)付加される他のものを持つということは不可能[153]」だということである。また第二の理由は、もし仮に存在するものが実在的関係を持つとするならば、そのときにはこのことによって存在するものには或る付帯性が付け加わるであろうが[154]、この付帯性は存在するものと実在的に同一ではなく、またそれと概念的に置き換えることができるものでもなく[155]、従ってこの方法で超越論的規定を得ることはできないということである。それゆえ、存在するものが「他」との関係における「存在するもの」としての固有の特質においてさらに規定されるためには、「他」に対する実在的関係ではなく、思考上の関係を用いねばならない。しかし、このような思考上の関係が成立し得るには、存在するものが思考上の関係によって関係する「他」自体が、自らの方からは存在するものそれ自体に対しては実在的な関係によって関係していることが必要である。「哲学者が『形而上学』第五巻で述べているところに従えば、関係するものが関係する先のものに対して依存せずにそれに関係しているときに語られる関係は、単なる思考上のものと言われる。しかし、この関係が何らかの依存である場合には、その逆である。例えば、〈知〉と〈知られ得るもの〉、〈感覚〉と〈感覚され得るもの〉において明らかなように。つまり、〈知〉は〈知られ得るもの〉に依存するが、その逆ではないのである。それゆえ、〈知〉が〈知られ得るもの〉に関係する関係は、実在的なものであるが、〈知られ得るもの〉が〈知〉に関係する関係は単なる思考上のものである。……そしてこのことは、〈尺度〉と〈尺度によって測られるもの〉、あるいは〈完成させ得るもの〉と〈完成され得るもの〉といった仕方で関係するすべての他のものにおいても同様なのである」[156]。

こうして、問題は存在するものそれ自体へと、従ってあらゆる存在者へと実在的に関係付けられた存在者とはいったい何かということになるが、この問いへの答えは、この問いの存在自体によっても、またこれまでの超越論的諸規定の展開の歩みからもすでに明らかになっている。つまり、すでにこの問いが問われるということ自体の中で、人間の「精神」が存在するものそれ自体への実在的関係を遂行しているということが示されているのであり、また超越論的諸規定の展開の初めに精神が把握する認識内容の分析・還元（resolutio）によって「存在するもの」という規定が開示された際には、やはり「精神」がそのあらゆる認識遂行の根底において「存在するもの」に関わっているということが含意されているのである[157]。また、これまで展開されてきた超越論的諸規定は、「存在するもの」という概念に対する単なる思考上の付加によって得られたものであり、従ってすべて「思惟」が存在するものへと関わる関係の中で開示されてきたものにほかならない。「（善が）〈存在するもの〉に付加するのは、単なる思考上のものである」[158]。すなわち、「存在するもの」は、存在者を対象化して「何であるか」と問う問いによれば「もの」として主題化され、区別および否定という精神の働きによれば「一」として、また二重化しつつ再び関係付ける思考操作によれば「同」として主題化され、さらにこのような同一化の否定によれば「他」として主題化されるのであり、また以上のような思惟の働きの中で遂行された思考上の関係は、「存在するもの」に関係を含意した規定を与えるという現在の問題の提起を可能にしているのである。「第二の仕方によるとき、(存在するものすべてに随伴する在り方は)存在するものが他の存在するものへと合致すること(convenientia)に即して捉えられる。そしてこのことは、存在するものすべてに合致するということを自然本性としているような或るものが捉えられることがなければ不可能である。だが、これは『霊魂論』第三巻が〈或る意味ですべてである〉と述べている、魂のことにほかならない[159]」。

存在するものが自らに可能なすべての「在り方」(つまり超越論的規定[160])を尽くして自らを展開し表出し得るのはただ理性的思惟において存在するものの分節化にとって特権的な場所であるその意味で「魂」つまり人間の精神は存在するものの分節化にとって特権的な場所であること、そして存在というもの自体がもともと理性的な構造化を受け入れるものであるということは明らかである。人間精神は、存在するものを把握する中で自らがこのように存在するものへと関係付けられたものであることを認識するが、このとき同時に自らの基準は存在するものであり、自らの完成は存在するものによるということを自覚し、存在するものとの関係によって自己自身の本質を確認するのである。実際、精神が存在するものへと関わりながら自己自身に向かい、自己自身を主題化し得るのは、存在するものそれ自体が超越論的規定において自己自身についての述語付けを可能にしていることに基づいている[161]。すなわち、「存在するもの」がその全面的な普遍性に基づいて持っている再帰的な自己同一性は、精神が「すべてのもの[162]（omnia）」に関わるという自らの能力の普遍性を自覚する自己還帰的活動を可能にしているのである。「知性はまず先に存在するものそれ自体を把握し、第二に自らが存在するものを知解していることを把握し、第三に自らが存在するものを欲求していることを把握する[163]」。自己同一性と普遍性という特質を存在と精神が共に保持しているということは、存在と精神がその根源と究極において同一であるということを示している。ただ、その際「存在するもの」という規定は、「認識」ないし「精神」という規定よりも、より先の、より高い規定であることに変わりはない。「〈知解する〉ということが〈存在する〉ということよりもより高貴である、というのは真実ではない。むしろ、〈知解する〉ということは〈存在する〉ということの方から規定されるのであり、それゆえ〈存在する〉ということは〈知解する〉ということよりも高貴でさえあるのだ[164]」。

しかし、精神の存在するものそれ自体への実在的関係が、存在するものそれ自体を実際に開示し得る言表の基盤となり得るためには、存在するものそれ自体を自らの目的、対象として主題化し、しかも精神がこのような主題化を存在するものそれ自体によって根拠付けられたものとして理解することが必要である。従って、存在するものそれ自体に述語付けられ得るのは、精神を通じての存在するものの自己主題化、すなわち精神に対する存在するものの実在的原因性によって成立する関係に基づいて与えられる関係的規定のみである。であるとすれば、(認識と意志における)存在するものに対する精神の関係は、ア・プリオリに具わったものとして単純に前提することはできないのであり、むしろ存在するものが「他」へと関わるという根源的事態(in ordine ad aliud)[165]に基づいて再構成すべきものなのである。

さて、存在するものからの「他」への関係は、「他」それ自体もやはり存在するものである以上、同時にこの「他」なる存在者からの初めの存在者への関係である。それゆえ、存在するものの「他」への関係は、根本から相互的なものなのであって、これにより精神と存在するもの、あるいは主観と客観の二元論的対立はすでにその根拠を失うのである。相互的関係において存在者は各自で自己自身を自己自身として主題化するが、個々の存在者にとってこのような関係の遂行は、自らが自らにおいて「他」を、また「他」において自らを見いだし、現実化する、ということ、言い換えれば受容性と自発性を意味する。存在するものは、その受容性においては自らの内に受容した「他」を介して自己自身へと立ち返り、その自発性においては自己を超越して、それ自体における「他」へと向かっていく。しかし、或る存在者に「他」が現前してくることが可能になるのは、「他」がこの存在者自体において自らを表出することによってであり、またこの存在者が「他」に到達し得るのは、この存在者が自己自身の存在自体において自己を超越することによってなのである。[166]第一の関係を持つのは、ものそれ自体が魂において、魂の在り方に従って存在し、もの自らの在り方に従って存在するのではない、という場合にであり、第二の関係は、(魂が)自らの存在において実在するものに対して関係付けられるという場合にである」[167]。存在するものがこのような関係の二重性を遂行し得るのは、「存在するもの」と「もの」という二つの規定の区別が示すように、存在するものにおいて何性的本質（species）と存在の現実態とが区別され得るからである。「いかなる存在するものにおいても、二つのものを考察することができる。つまり種的本質（species）という側面それ自体と、そしてそれによって他の或るものがこの種において自存するところの存在それ自体である。そして、或る存在者はこれに従って二つの仕方で（他を）完成させ得るもの（perfectivum）となることができるのである」[168]。存在するものは、その何性的本質によって自らを自らとして「他」に対して表出する、つまり自らを認識せしめることができるのである。「或るものは、それが魂において、二つの仕方で魂の対象となる。第一の仕方で或るものが魂の対象となるのは、それが魂に即してではなく魂の在り方に即して、つまり精神的な仕方で存在するような自然本性を持つ（natum）限りにおいてである。そして、これは認識され得るものが認識され得るものである限りにおいて持つ性格なのである」[169]。存在するものがこのようにして認識されると、それは「他」（つまりそれを認識している魂）を固有の充実を持つ自らの現実の存在へと引き付ける。なぜなら、現実態としての存在は、完全体の充実にほかならないからである[170]。「第二の仕方で或るものが魂の対象となるのは、魂が〈それ自体において実在するものそのもの〉という在方に即してこのもの自体に向かって傾き、秩序付けられる限りにおいてである。そして、これは欲求され得るものが欲求され得るものである限りにおいて持つ性格なのである」[171]。存在するものが「他」と関係を結ぶ際のこのような二重性は、単に精神が認識と意志という二つの仕方で存在するものに関与してくることに応じていわば受動的に規定されたものなのではなく、むしろ逆に精神に対する存在するものの二重的な関わりの方が認識と意志の区別を構成する。「それゆえ、〈認識することができるもの〉と〈欲求することができるもの〉が、能力の異なった類を構成するのである[172]」。

さて、このように存在するものが自ら認識能力と欲求能力の存在するもの自体への関係の原因であるならば、存在するものは根拠としてこの関係自体に先行するものなのであるから、この関係を通り道にして、存在するものをその固有の内的な存在の仕方に即して開明することができるはずである。「第一のものは、何らかのより先のものを通じて明らかにすることはできず、より後のものを通じて明らかにされる。例えば、原因が固有の結果を通じて明らかにされるように。しかるに、善は本来の意味で欲求を動かすものであるから、通常動かす力が運動を通じて解明されるように、善は欲求の運動を通じて言い表されるのである[173]」。

こうして「真」と「善」は、存在するものそれ自体の超越論的規定であるとともに、精神の能力の二重性の起源であることが明らかとなった。「或る存在者は、二つの仕方で〈他を〉完成させ得るものとなることができる。第一の仕方では、種的本質のみに即して〈他を〉完成させ得るものとなる。そして、存在するものによって知性が完成されるのは、この仕方によるのである……それゆえ〈真〉が〈存在するもの〉に付加するのは、〈他を〉完成させるこのような仕方である……そしてそれぞれの存在者は知性に合一しているか、あるいは合一し得る限りで〈真〉と言われるのである。……第二の仕方では、〈存在するもの〉は単に種的本質に即してのみならず、さらにそれが実在界において持つ存在に即しても、他を完成させ得るものとなる。そして、善が（他を）完成させ得るものとなるのは、この仕方によってである。なぜなら、善はものにおいてあるからである」[174]。それゆえ、存在するものの二重の原因性、つまり知性に対する形相因性・範型因性と、意志に対する目的因性の原理は、存在するものが持つ観念性と現実態性という二重性、つまり本質と存在の二重性そのものから生じ、それに何か他の要素が付け加わる必要はない。「〈善〉は……原因性に即して……実在するものと実在しないものとに及ぶ。……しかし〈存在するもの〉は、内在的、および範型的な形相因として以外の関係を含意しない」[175]。従って、「他」としての精神に対して働く因果性は、根本的には存在するものそれ自体が自らの原理（つまり存在と本質）に基づいて積極的に自己を根拠付ける働きにほかならない。しかし、存在するものそれ自体のこのような自己根拠付けの働きは、同時に存在それ自体が進んで自らを全く開いて、自らとの交わりへと招く働きかけであり、また存在するものの自己存在は、同時に「他」に対するその現前であり、さらにそれが自らのために存在するということは、同時に「他」を完成させるもの（perfectivum）、ないし「他」の求める完全性（perfectio）として、それが「他」のために在ることとなるのである[176]。

（七）「美」

トマスが以上で展開された超越論的諸規定に加えて、さらに「美」をもあらゆる存在者に帰属する超越論的規定と見なしていたことには疑いがないのだが[177]、彼が「美」を超越論的諸規定の演繹のための一般的図式の枠内では取り扱っている箇所はどこにもない。従って、我々もまた「美」の概念を演繹することは断念し、何らかの示唆を与えることに留めておこう。さて、精神の活動が認識を経て意志において完結して、精神の根本行為が存在するものによって完全に展開されるようになると、全面的な働きへと開花した精神は、存在するものを「美」として喜びつつ直観することによって、観点[178]による制約を免れない悟性的性格を乗り超え、存在するものをその存在の本来の充全性[179]と秩序において再発見し、それへと立ち戻る。「見られることで喜びを生むものが、美しいと言われる[180]」。美は確かに精神の欲求の働きを自らに引き付けるが[181]、美とは存在するものが精神に対して自らのすべてを全く在りのままに伝えることにほかならないのであるから、それにもっともふさわしい精神の態度は、認識による受容である[182]。それはまさしく至福が愛によって浸透された認識行為であるのと同じなのである[183]。

四　超越論的諸規定と「神の名」

存在するものの超越論的諸規定の導出から明らかになったのは、個々の超越論的規定の体系的な位置やそれらの関連だけではない。それと同時に、精神は、思惟し、認識し、意志するというその根本行為に即して、存在するものへの関係に基づいて構成されているということが、浮き彫りにされたのである。実際、存在するものが常に第一のもの、最も根本的なもの、最も普遍的なものとして留まりながら、自己自身を超越論的諸規定へと解釈し、展開していくのと平行して、「魂」ないし人間精神は、存在の自己伝達の受け手として、またその根源的な次元においては、絶対的存在そのものに聴き従う能力（「従順能力[185]［potentia oboedientialis］」）として、自らを理解と愛の働きへと展開させ、このようにして世界の中の多様な存在者に対して、能動的な関わりを拡大していくのである。精神が欲求と認識によって世界と出会うとき、この出会いにおいて個々の存在者はそれぞれの固有の本質の在り方に従って発見され、遂行されるが、そこで超越論的諸規定は、原点として、また目的をなす地平ないし方向性として、この世界との出会いを導くのである。しかし、人間の知性はさらに世界中の存在者を探求し、その根源を極めようとすることを通じて、世界の存在者と人間精神の共通の根源としての神の認識へと進み行く。それゆえ、神を「それ自体によって自存する存在そのもの[186]」として認識するに至るとき、この認識もまた存在するものそれ自体の超越論的諸規定の認識によって根本的に規定されている。従って超越論的諸規定は、その最も深い次元において、また究極的に意図されたその意味に即して、まさに「神の名」として現れるのである[187]。

註

（1）*In IV Metaph.* l. 1 n. 531.

（2）"Die Lehre von den transzendentalen Bestimmungen des Seins ist das Kernstück der scholastischen Ontologie und Metaphysik. Bei Thomas von Aquin hat es bereits eine großartige Vollendung und Abrundung erreicht;": J. B. Lotz, Zur Konstitution der transzendentalen Bestimmungen des Seins nach Thomas von Aquin, in: P. Wilpert (Hg.), *Die Metaphysik im Mittelalter*, (*Miscellanea Mediaevalia*, 2), Berlin 1963, S. 334.

（3）H. Pouillon, Le premier traité des propriétés transcendentales: La 'Summa de Bono' du Chancelier Philippe, *Revue Néoscolastique de Philosophie* 42 (1939), pp. 40–77.

（4）稲垣良典「トマス・アクィナスの transcendentia 論——存在と価値」、今道友信他編『中世の哲学者たち——中世存在論の系譜』（思索社、一九八〇年）所収、一九三頁。

（5）註（2）と（4）の文献の他には、次のものを参照。S. Breton, L'idée de transcendental et la genèse des transcendentaux chez Saint Thomas d'Aquin, in: *Saint Thomas d'Aquin aujourd 'hui*, Paris 1963; M. D. Jordan, The Grammar of "Esse": Re-reading Thomas on the Transcendentals, *The Thomist* 44 (1980), pp. 1–26; C. Fabro, The Transcendentality of Ens-Esse and the Ground of Metaphysics, *International Philosophical Quarterly* 6 (1966), pp. 389–427; J. E. Twomey, *The General Notion of the Transcendentals in the Metaphysics of Saint Thomas Aquinas*, Washington, D. C. 1958; G. Schulemann, *Die Lehre von den Transzendentalien in der scholastischen Philosophie*, Leipzig 1929; H. Knittermeyer, *Der Terminus transzendental in seiner historischen Entwicklung bis zu Kant*, Marburg 1920.

（6）St. Kowalczyk, Une tentative de déscription de l'unité transcendentale, in: *Saint Thomas d'Aquin*, Lublin 1976, pp. 143–154; L. Oeing-Hanhoff, *Ens et unum convertuntur. Stellung und Gehalt des Grundsatzes in der Philosophie des hl. Thomas von Aquin*, (*BGPTM*, 37, 3), Münster 1953; B. B. Hunt, *The Nature and Significance of the One that Follows Being in the Philosophy of St. Thomas Aquinas*, (diss.), Washington, D. C. 1950; 山本耕平「トマス・アクィナスの『在るもの』と『一』との置換説」、『中世思想研究』第28号（一九八六年）、一四四—一四九頁。

（7）　J. A. Aertsen, *Medieval Reflections on Truth. Adaequatio rei et intellectus*, Amsterdam 1984; J. Pieper, *Wahrheit der Dinge*, 4. Aufl. München 1966; J. Vande Wiele, Le problème de la vérité ontologique dans la philosophie de saint Thomas, *Revue philosophique de Louvain* 52 (1954), pp. 521–571; G. B. Phelan, "Verum sequitur esse rerum", *Mediaeval Studies* 1 (1939), pp. 11–22; R. J. McCall, St. Thomas on Ontological Truth, *The New Scholasticism* 12 (1938), pp. 9–29.

（8）　J. A. Aertsen, The Convertibility of Being and Good in St. Thomas Aquinas, *The New Scholasticism* 59 (1985), pp. 449–470; B. Welte, Thomas von Aquin über das Gute, in: ders., *Auf der Spur des Ewigen*, Freiburg 1965, S. 170–184; J. Van de Wiele, Het thema "Ens et bonum convertuntur", *Tijdschrift voor Filosofie* 26（1964), pp. 186–253; 稲垣良典「『在るもの』と『善』——トマス transcendentia 論の一考察」、『哲学年報』第43号（一九八四年）、一—二七頁。

（9）　G. Pöltner, *Schönheit. Eine Untersuchung zum Ursprung des Denkens bei Thomas von Aquin*, Wien 1978; U. Eco, *Il problema estetico in Tommaso d'Aquino*, Milano 1970; W. Czapiewski, *Das Schöne bei Thomas von Aquin*, Freiburg 1964; F. J. Kovach, *Die Ästhetik des Thomas von Aquin*, Berlin 1961.

（10）　J. A. Aertsen, Die Transzendentalienlehre bei Thomas von Aquin in ihren historischen Hintergründen und philosophischen Motiven, in: A. Zimmermann (Hg.), *Thomas von Aquin. Werk und Wirkung im Licht neuerer Forschungen*, (*Miscellanea Mediaevalia*, 19), Berlin 1988, S. 82–102.

(11) G. Pöltner, *op. cit.*, S. 33.

(12) W. Czapiewski, *op. cit.*, S. 25. Cf. W. Kühn, *Das Prinzipienproblem in der Philosophie des Thomas von Aquin*, Amsterdam 1982, S. 434–436.

(13) bonum numeratur inter prima: *In I Eth.* l. 1 n. 9.

(14) Prima autem non possunt notificari per aliqua priora: *ibid.* Cf. K. Riesenhuber, *Die Transzendenz der Freiheit zum Guten*, München 1971, S. 32–37.

(15) Sunt autem secundum se notiora, quae plus habent de entitate: quia unumquodque cognoscibile est inquantum est ens: *In I Phys.* l. 1 n. 7.

(16) *S. th.* I q. 16 a. 3 c.

(17) cum non nugatorie dicatur ens bonum: *Ver.* q. 21 a. 1 c.

(18) *Ibid.*

(19) I. Kant, *Kritik der reinen Vernunft* B 18 (PhB 37a, S. 51*).

(20) *In IV Metaph.* l. 1 n. 529.

(21) *De natura generis* c. 2 n. 479; *In I Sent.* d. 8 q. un. a. 3 c; *Ver.* q. 1 a. 1 c; *Ver.* q. 21 a. 3 c; *Pot.* q. 9 a. 7 ad 6.

(22) *In IV Metaph.* l. 2 n. 549.

(23) *In IV Metaph.* l. 2 n. 550–551.

(24) Albertus Magnus, *In I Sent.* d. 46 N, a. 14 (*Op. omn.* 26, ed. Borgnet, Paris, 1899, p. 450).

(25) *Ver.* q. 7 a. 3 c; *ib.* ad 3; *S. th.* I q. 45 a. 6 ad 2.

(26) Sed in Deo ista quatuor, ens, unum, verum et bonum, sic appropriantur: quod ens ad

essentiam pertineat, unum ad personam Patris, verum ad personam Filii, bonum ad personam Spiritus sancti: *Ver.* q. 1 a. 1 Sed contra 5.

(27) quamvis tres illae personae divinae re distinguantur, appropriata tamen personae non differunt re, sed ratione: *Ver.* q. 1 a. 1 ad 5 Contra.

(28) *S. th.* I q. 16 a. 1 ad 2; *S. th.* I q. 16 a. 6 c; *S. th.* I q. 20 a. 2 c.

(29) primae autem entis determinationes sunt 'unum' et 'verum' et 'bonum'; determinant enim ens ... et secundum relationem rerum ad animam, quae est imago divinae essentiae: Alexander de Hales, *Summa theologica* Pars I inqu. 1, tract. 3, q. 1 c. 2 (I, 114).

(30) K. Riesenhuber, Partizipation als Strukturprinzip der Namen Gottes bei Thomas von Aquin, in: A. Zimmermann (Hg.), *Sprache und Erkenntnis im Mittelalter*, (*Miscellanea Mediaevalia*, 13), Berlin 1981, S. 969–982.

(31) *De natura generis* c. 1 n. 475.

(32) Inquantum ergo quaelibet mens quicquid per certitudinem cognoscit, in his principiis intuetur, secundum quae de omnibus iudicatur, facta resolutione in ipsa, dicitur omnia in divina veritate vel in rationibus aeternis videre, et secundum eas de omnibus iudicare: *S. c. G.* III 47 n. 2243.

(33) *Ver.* q. 1 a. 1 c.

(34) principia per se intellectui nota: *ibid.*

(35) *Ibid.*

(36) Sunt enim diversi gradus entitatis, secundum quos accipiuntur diversi modi essendi, et iuxta hos modos accipiuntur diversa rerum genera: *ibid.*

(37) *S. th.* I q. 3 a. 5 c.

(38) *Ver.* q. 21 a. 1 c.
(39) *In IV Metaph.* l. 9 n. 660.
(40) *S. c. G.* IV 14 n. 3510.
(41) *S. th.* I q. 11 a. 2 ad 4.
(42) *In Boethii De trinitate* (=*Trin.*) q. 4 a. 1 c (=l. 1 q. 2 a. 1 c).
(43) prima, quae seipsis distinguuntur, mutuo sui negationem includunt: ratione cuius negativae propositiones in eis sunt immediatae: *S. c. G.* I 71 n. 605.
(44) *S. th.* I q. 11 a. 2 c.
(45) *Trin.* q. 4 a. 1 c.
(46) *De ente et essentia* c. 1 n. 2.
(47) *De natura generis* c. 3 n. 484.
(48) *S. th.* I q. 39 a. 8 c.
(49) ens multipliciter dicitur. Sed tamen omne ens dicitur per respectum ad unum primum. Sed hoc primum non est finis vel efficiens sicut in praemissis exemplis, sed subiectum. Alia enim dicuntur entia vel esse, quia per se habent esse sicut substantiae, quae principaliter et prius entia dicuntur: *In IV Metaph.* l. 1 n. 539.
(50) *In IV Metaph.* l. 2 n. 555.
(51) *S. th.* I q. 16 a. 5 ad 2.
(52) *Trin.* q. 4 a. 1 c.
(53) *Ibid.*
(54) *Ibid.*

(55) *Ver.* q. 1 a. 1 c.

(56) Contra W. Kühn, *op. cit.*, S. 435, 444, 446.

(57) Johannes Duns Scotus, *Metaph.* VI q. 3 n. 4; *Op. Ox.* IV d. 49 q. 4 n. 11.

(58) *Ver.* q. 21 a. 1 c.

(59) ヘーゲルから影響を受けたと思われるトマス解釈としては、G. Siewerth, *Der Thomismus als Identitätssystem*, 2. Aufl. Frankfurt, 1961 S. 31–50 を参照。

(60) *S. th.* I q. 45 a. 4 c.

(61) *Ver.* q. 1 a. 1 c.

(62) pluralitas principiorum non facit divisionem et pluralitatem in secundis compositis, nisi inquantum manet inter ea virtus oppositionis primae, quae est inter ens et non ens, ex qua habet rationem diversitatis: *Trin.* q. 4 a. 1 c.

(63) ipsa res est in anima per modum animae ... et haec est ratio cognoscibilis: *Ver.* q. 22 a. 10 c.

(64) hoc nomen Res imponitur a quidditate tantum: *In IV Metaph.* l. 2 n. 553.

(65) *Ver.* q. 1 a. 1 c.

(66) Quae autem promptiora sunt ad imaginandum per seipsa, sunt ea quae communia sunt omnibus rebus, sicut res et ens et unum, et cetera: Avicenna, *Liber de philosophia prima sive scientia divina* tract. I c. 5 (S. van Riet, *Avicenna Latinus, Philosophia prima I–IV*, Louvain/Leiden 1977, p. 33).

(67) *In I Sent.* d. 2 q. 1 a. 5 ad 2.

(68) *S. c. G.* III 8 n. 1927.

(69) Idem autem est quod habet essentiam et quidditatem per illam essentiam, et quod est in se

indivisum: *In IV Metaph.* l. 2 n. 553.

(70) Non autem potest esse quod ipsum esse sit causatum ab ipsa forma vel quidditate rei, dico sicut a causa efficiente: *De ente et essentia* c. 4 n. 27.

(71) Esse enim rei quamvis sit aliud ab ejus essentia, non tamen est intelligendum quod sit aliquod superadditum ad modum accidentis, sed quasi constituitur per principia essentiae: *In IV Metaph.* l. 2 n. 558; cf. *De natura generis* c. 1 n. 476.

(72) *De natura generis* c. 2 n. 481.

(73) *S. th.* I q. 29 a. 2 ad 5; cf. K. Riesenhuber, *Die Transzendenz der Freiheit zum Guten*, loc. cit., S. 240–253.

(74) *De natura generis* c. 1 n. 476.

(75) *In II Post. Anal.* l. 6 n. 462.

(76) Esse enim rei quamvis sit aliud ab ejus essentia: *In IV Metaph.* l. 2 n. 558.

(77) Ergo oportet quod omnis talis res, cuius esse est aliud quam natura sua, habeat esse ab alio: *De ente et essentia* c. 4 n. 27.

(78) Quidquid enim non est de intellectu essentiae vel quidditatis, hoc est adveniens extra: *De ente et essentia* c. 4 n. 26; cf. *Ver.* q. 1 a. 1 ad 3 Contra.

(79) hoc vero nomen Ens, imponitur ab actu essendi: *In IV Metaph.* l. 2 n. 553.

(80) esse est accidens, non quasi per accidens se habens, sed quasi actualitas cuiuslibet substantiae: *Quodlib.* II q. 2 a. 1 ad 2.

(81) *Pot.* q. 5 a. 4 ad 3; *Quodlib.* XII q. 5 a. 1 c; *In IV Metaph.* l. 2 n. 558.

(82) esse quod est actus entis: *De natura generis* c. 2 n. 479.

(83) Huiusmodi autem esse non potest ispum esse rei substantiale, cum sit essentiae actus: *Pot.* q. 5 a. 4 ad 3.

(84) *Quodlib.* XII q. 5 a. 1 c.

(85) hoc nomen Ens quod imponitur ab ipso esse: *In IV Metaph.* l. 2 n. 558.

(86) *Quodlib.* XII q. 5 a. 1 c.

(87) *Ibid.*

(88) Per hoc autem aliquid maxime fit actu quod participat per similitudinem primum et purum actum. Primus autem actus est esse subsistens per se: *ibid.*

(89) in omnibus autem aliis, quae sunt entia per participationem, oportet quod sit aliud esse et quidditas entis: *In II Post. Anal.* l. 6 n. 462.

(90) oportet quod ipsa quidditas vel forma quae est intelligentia, sit in potentia respectu esse quod a Deo recipit: *De ente et essentia* c. 4 n. 28.

(91) *De natura generis* c. 2 n. 479.

(92) faciens compositionem cum essentia: *De ente et essentia* c. 4 n. 26.

(93) Cf. G. Pöltner, *op. cit.*, S. 25 f.

(94) *In IV Metaph.* l. 2 n. 553; cf. *Ver.* q. 1 a. 1 c; *ibid.* ad 3 Contra.

(95) Inter ista quatuor prima, maxime primum est ens: *Pot.* q. 9 a. 7 ad 6.

(96) veritas fundatur in esse rei magis quam in quidditate: *In I Sent.* d. 19 q. 5 a. 1 sol.

(97) *S. c. G.* II 52 n. 1274.

(98) *S. th.* I q. 11 a. 1 c.

(99) *De natura generis* c. 2 n. 479.

(100) *S. th.* I q. 11 a. 1 c.

(101) *In I Sent.* d. 8 q. 1 a. 3 sol.; *Ver.* q. 1 a. 1 c; *Pot.* q. 9 a. 7 ad 6; *S. th.* I q. 11 a. 1 c.

(102) *In III Metaph.* l. 4 n. 371–373.

(103) *In IV Metaph.* l. 2 n. 555–556.

(104) *S. th.* I q. 11 a. 1 ad 3; cf. *In IV Metaph.* l. 2 n. 549; *Pot.* q. 9 a. 7 ad 13.

(105) *S. th.* I q. 11 a. 2 ad 4.

(106) unum convertitur cum ente: *S. th.* I q. 11 a. 1 c.

(107) *In IV Metaph.* l. 2 n. 557.

(108) *S. th.* I q. 11 a. 1 ad 1; *S. th.* I q. 30 a. 3 ad 4; *Pot.* q. 9 a. 7 c; *In IV Metaph.* l. 2 n. 559–560; 初期にはまだ不完全なかたちで，*De natura generis* c. 2 n. 479.

(109) *Ver.* q. 1 a. 9 c.

(110) *In V Metaph.* l. 11 n. 912.

(111) *Ibid.*

(112) omnis pluralitas consequitur aliquam divisionem: *S. th.* I q. 30 a. 3 c.

(113) *S. th.* I q. 47 a. 2 ad 2.

(114) *In V Metaph.* l. 11 n. 912.

(115) *Pot.* q. 7 a. 11 c.

(116) *In V Metaph.* l. 11 n. 912.

(117) *Ibid.*

(118) *Ibid.*

(119) *Pot.* q. 7 a. 11 ad 3; cf. *In V Metaph.* l. 11 n. 912.

(120) *Ver.* q. 21 a. 3 c; *S. th.* I q. 16 a. 3 c; *In IV Metaph.* l. 8 n. 615.

(121) *Pot.* q. 7 a. 11 ad 3.

(122) *S. th.* I q. 103 a. 3 c.

(123) *S. th.* I q. 11 a. 4 ad 1.

(124) *S. th.* I q. 103 a. 3 c.

(125) *In II Post. Anal.* l. 5 n. 455; cf. *ibid.*: Et sumuntur ista exempla secundum opinionem Platonis, qui posuit quod eadem est ratio unius et boni.

(126) *Ver.* q. 21 a. 2 c; *S. th.* I q. 103 a. 3 c; *S. th.* I–II q. 36 a. 3 c.

(127) Cf. G. Pöltner, *op. cit.*, S. 61, 64.

(128) *Ver.* q. 1 a. 1 c.

(129) dicitur enim aliquid quasi aliud quid: *ibid.*

(130) *De ente et essentia* c. 4 n. 26.

(131) *S. th.* I q. 11 a. 2 ad 4.

(132) *Pot.* q. 9 a. 7 ad 15; *Trin.* q. 4 a. 1 c.

(133) *De natura generis* c. 2 n. 480.

(134) *In IV Metaph.* l. 2 n. 553.

(135) unum ... constituit multitudinem: *Pot.* q. 9 a. 7 ad 10.

(136) *In IV Metaph.* l. 2 n. 554; cf. *ibid.* n. 555.

(137) *Pot.* q. 9 a. 7 ad 8.

(138) *Pot.* q. 9 a. 7 ad 14.

(139) *Pot.* q. 9 a. 7 ad 8; cf. *S. th.* I q. 103 a. 3 c.

(140) *De natura generis* c. 2 n. 481.

(141) *S. th.* I–II q. 36 a. 3 c.

(142) Unde sicut unitas est principium unionis, ita amor quo quis diligit seipsum, est forma et radix amicitiae: *S. th.* II–II q. 25 a. 4 c.

(143) Unum igitur est prius omni multitudine et principium eius: *In de div. nom.* c. 13 l. 2 n. 977; cf. *ibid.* n. 972–981.

(144) *In IV Metaph.* l. 6 n. 615.

(145) *Ver.* q. 21 a. 3 c.

(146) *De natura generis* c. 2 n. 481.

(147) *Trin.* q. 4 a. 1 c.

(148) sicut unum et multa, ita idem et diversum ... sunt passiones entis inquantum ens: *Trin.* q. 4 a. 1 ad 3.

(149) *Trin.* q. 4 a. 1 c.

(150) *De natura generis* c. 2 n. 480.

(151) *De natura generis* c. 2 n. 481; cf. *ibid.* n. 479; *S. th.* I q. 16 a. 3 c.

(152) *Ver.* q. 21 a. 1 c.

(153) *S. th.* I q. 3 a. 6 c; cf. *ibid.* a. 5 c; *S. c. G.* I 39 n. 317.

(154) *Ver.* q. 21 a. 1 ad 3.

(155) *Ver.* q. 21 a. 1 c.

(156) *Ibid.*

(157) *Ver.* q. 1 a. 1 c.

(158) addat aliquid super ens, quod sit rationis tantum: *Ver.* q. 21 a. 1 c.

(159) *Ver.* q. 1 a. 1 c.

(160) ... rationis tantum: *Ver.* q. 21 a. 1 c.

(161) huiusmodi prima, scilicet essentia, unitas, veritas et bonitas, denominant seipsa ea ratione, quia unum, verum et bonum consequuntur ad ens: *Pot.* q. 9 a. 7; Ad ea quae in oppositum: *ibid.*

(162) ... animam, quae quodammodo est omnia: *De natura generis* c. 2 n. 481.

(163) *S. th.* I q. 16 a. 4 ad 2.

(164) *Ver.* q. 22 a. 6 ad 1.

(165) secundum quod consequitur unumquodque ens in ordine ad aliud: *Ver.* q. 1 a. 1 c.

(166) *De natura generis* c. 2 n. 481.

(167) *Ver.* q. 22 a. 10 c.

(168) *Ver.* q. 21 a. 1 c.

(169) *Ver.* q. 22 a. 10 c.

(170) ipsum esse est perfectissimum omnium: comparatur enim ad omnia ut actus. Nihil enim habet actualitatem, nisi inquantum est; unde ipsum esse est actualitas omnium rerum, et etiam ipsarum formarum: *S. th.* I q. 4 a. 1 ad 3.

(171) *Ver.* q. 22 a. 10 c.

(172) *Ibid.*

(173) *In I Eth.* l. 1 n. 9.

(174) *Ver.* q. 21 a. 1 c.

(175) *S. th.* I q. 5 a. 2 ad 2.

(176) Cf. *Ver.* q. 21 a. 1 c; *Ver.* q. 21 a. 3 c.

(177) F. J. Kovach, *op. cit.*, S. 183, 192 f.; W. Czapiewski, *op. cit.*, S. 24–34; U. Eco, *The Aesthetics of Thomas Aquinas*, Cambridge, Mass. 1988, p. 46; G. Pöltner, *op. cit.*, S. 25.

(178) integritas: *S. th.* I q. 39 a. 8 c; cf. G. Pöltner, *op. cit.*, S. 74.

(179) *S. th.* I–II q. 142 a. 2 c; *In de div. nom.* c. 4 l. 5 n. 339 s.

(180) *S. th.* I q. 5 a. 4 ad 1.

(181) *Ver.* q. 22 a. 1 ad 12; *In I Sent.* d. 31 q. 2 a. 1 ad 4; *S. th.* I–II q. 27 a. 1 ad 3.

(182) ad rationem pulchri pertinet quod in eius aspectu seu cognitione quietetur appetitus: *S. th.* I–II q. 27 a. 1 ad 3; cf. *S. th.* I q. 5 a. 4 ad 1; *In de div. nom.* c. 4 l. 5 n. 356.

(183) *S. th.* I–II q. 3 a. 4 c; *S. th.* II–II q. 180 a. 8 ad 1; *In IV Sent.* d. 49 q. 1 a. 2 ql. 1 ad 3.

(184) Ens autem absolute dictum, super quod omnia ista addunt rationes certas, communissimum est in se: *De natura generis* c. 2 n. 482.

(185) *Ver.* q. 8 a. 12 ad 4; *Ver.* q. 12 a. 3 ad 18; *Ver.* q. 29 a. 3 ad 3.

(186) *De ente et essentia* c. 4 n. 26; *In de Hebd.* l. 2 n. 35.

(187) "Die Reflexion über die göttlichen Namen bildet ein wichtiges, vielleicht das wichtigste, Motiv in der Entwicklung der mittelalterlichen Transzendentalienlehre": J. A. Aertsen, Die Transzendentalienlehre bei Thomas von Aquin in ihren historischen Hintergründen und philosophischen Motiven, *loc. cit.*, S. 97. K・リーゼンフーバー『中世における自由と超越——人間論と形而上学の接点を求めて』創文社、一九八八年、四八七—四九四頁参照。

［訳：矢玉俊彦］

（初出：K・リーゼンフーバー＋山本耕平＋谷隆一郎＋荒井洋一編
『中世における知と超越』創文社、一九九二年三月
原題「トマス・アクィナスにおける超越論的規定の展開」）

存在と思惟——存在理解の展開の可能性を探って

一　形而上学の根本問題

認識の可能性の限界へのカントの問いかけや、プラトン主義的二世界説に対するニーチェの批判、そしてハイデガーによる西欧の存在解釈の歴史の破壊よりこのかた、形而上学は疑惑の視線に晒されながら哲学的議論の片隅でからくも露命をつないできた。形而上学を独断論として最終的に葬り去られる定めから猶予しているのは、かつてそれがアリストテレスの「第一哲学」として、トマス・アクィナスにおける「智恵という名を要求するにふさわしい、他のすべての学に君臨する学[1]」としてほしいままにしていた栄光の過去だけであるかのようである。それにもかかわらず、形而上学の可能性に対する問いかけが止むことはない。そしてその理由は、「学としてではないとはいえ、素質としてはやはり……あらゆる人間の内に、いったん彼らにおいて理性が成長して思弁を行うまでになるや、なんらかの形而上学がいつの時代にも存在してきたし、またいつまでもその内に存在し続けるであろう[2]」から、ということだけではなく、そもそも哲学はその歴史的根源から自らを切り離すときには、自らの本来の問いをもはや理解しえなくなるから、ということにあるのである。

以下の考察は、形而上学の根本の問いを再び取り戻し、存在理解の展開可能性と、その超越論的背景を吟味しようとする試みである。形而上学の問いがそのさまざまな歴史的変遷の中で示してきた諸々のモティーフを積極的に思惟の内に取り入れようとする場合、探求は予め定義済みの形而上学の概念を出発点とすることはできない。なぜなら、いかなる定義も、定義されるものに先立つなんらかの立脚点を前提とするからである。しかし、形而上学が自らの問いを第一の、すべてを包括する問いとして理解するものである以上、形而上学——それにとっては、自らより高次のメタ・レヴェルの立脚点は存在しない。それゆえ、形而上学の概念を規定することを、あるいはそれを批判することを試みる者は、そのことによってすでに不可避的に自ら形而上学を遂行していることになる。しかし、この試みをなす者がそこで遂行し、あるいは概念化する内容は、思惟の歴史から汲み取られたものであらざるをえない。なぜなら、この者はあらゆる自らの企投に先立って思惟の歴史の中に投げ込まれているからである。したがって、ここでは「形而上学」というものをその歴史的伝統に即して、つまりその多様な在り方を包含する柔軟な意味において理解したいと思う。しかし、このような意味づけは、形而上学が古代・中世の古典的思惟において打ち立てられたものである以上、そこでの形而上学の在り方に定位することになるであろう。

二　存在するものへの問い

パルメニデス（Parmenides　前五一五／一〇〜前四六〇年頃）がただ思惟においてのみ開示される存在の不動の自己同一性を主張したとき、それはおそらく現実を実体のない流動、対立物の弁証法的一致として解釈したヘラクレイトス（Herakleitos　前五四〇頃〜前四八〇年頃）に対する返答であった。これと同様に、古典的形而上学の成立の背景も、ソフィストたちの懐疑が伝達可能な真理に対する確信を揺るがせ、普遍的規範の存在に自然主義的観点から異を唱え、人間の生を実利的にのみ理解したことに対する答えを、無制約的な意義の存在を開示することによって（ソクラテスによる徳の本質への問い）、あるいは偶然的・可変的な現象を不変の真理根拠にもとづいて理解することによって（プラトンのイデア）与えようとする努力にあった。さらに人間存在の意味と包括的な可知的真理を救おうとするこの努力を承けて、アリストテレスは、前ソクラテス期の自然哲学者たちにおける宇宙の現実と規範的秩序との原初的な未分化の一致を思い起こしつつ、存在するものをまさに存在するものとして問うことによって存在論的に基礎づけ、形而上学を確立したのである。そして、可知的な本質は具体的な存在者においてのみ存在し、また認識に対して自らを現すがゆえに、形而上学は存在するものをまさに存在するものとして問う学として成立した。

存在するものをそれ自体として問うという形而上学のこの簡潔な問いが成立するとき、そここには次のような諸々の選択が、いわばこの問いの「生活の座」、つまり現実の生の遂行の中での背景として、その基盤となっており、これらの決断は、形而上学がその歴史的過程の中で常に新たに根拠づけていくべきものなのである。すなわち、形而上学は生成に対して存在を、現象に対しては現実を、特殊と個別に対して全体と普遍を、恣意に対しては無制約的なものを、多に対しては一を、人間的実践に対しては現実の承認を、それぞれ優位に置くことを決断する。しかし、このような決断は、そこで優位に置かれたものが他方のものにとっての真の起源であり、後者は前者に対して第二次的なものであることを明らかにすることによって、確証されなければならない。

存在するものをそれ自体として問うという根本的問いの正当性は、アヴィケンナ(Avicenna; Ibn Sīnā　九七三/八〇～一〇三七年)、および彼を承けてトマス・アクィナス(Thomas Aquinas　一二二五～七四年)が論じているように、あらゆる判断とあらゆる概念の内容が「存在」ないし「存在するもの」という規定を原理としてそこへと還元されるということ、つまり存在はそれに先立つ前提を一切もたない第一のものであり、現実と思惟双方の包括的地平であるということを通して保証される。(3)「この(存在するもの、および存在するもの自体的な付帯性を考察する)学の必然性は、次のことから、つまり、これらの事柄(存在するもの、および存在するものの自体的な付帯性)は、他の事柄の認識がこれらにかかっているため、知られぬままにとどまっていてはならないということから明らかとなる」(4)。しかし、あらゆる認識が「存在する」という根本規定の認識の変容であるならば(5)、存在するものをそれ自体として、あるいは存在するものをその存在において問う形而上学の問いが解明するのは、あらゆる日常的認識にも、学問的認識にもその根底として内在する「根源的認識」にほかならない[6]。したがって形而上学は、超感覚的なものへの上昇のための起点とするために感覚的経験や自然科学を自らに先行する原理としたうえでそこから出発するのではなく、むしろ常にすでに知の内に含まれているものを反省的・還元的に解明して明確な理解にもたらすという歩みを辿るのである[7]。そして、認識が明証性を獲得しうるためにはこの暗黙の内に前提された原理がどこまですでに前反省的な知自体において共に認識されているのかという問題にいかに答えるかが、おそらくプラトン的な先天主義とアリストテレス的な経験主義の分岐点となるのであろう。

しかし、形而上学的認識は存在するものを存在するものとして主題化するときはいつも、存在するものをすでに認識されたものとして認識するのであるため、そこにおいては存在するものの認識において認識の働きそれ自体も認識される[8]。つまり、存在の地平の中に自らの認識の働きをも包み込み、また自らの原像として（パルメニデス的な）存在と認識の同一性[9]、あるいは（アリストテレス的な）「思惟の思惟」[10]を指し示す。それゆえ、形而上学的な問いにおいては直線的、対象的に思考する素朴な実在論とは異なり、認識と思惟、そして学と論理への問いが構成要素として含まれてくる。ただし、この問いは主導的な問いとして認められるわけではない。なぜなら、認識は存在するものが優位にあることを承認することによってのみ、自己自身の本質を獲得するからである[11]。したがって認識はその本質に即して、「存在するもの」それ自体、すなわち、その現実と自存性が思惟によっては構成されえず、むしろ思惟や認識をその固有の本質に至らしめるものに、関係づけられているのである。[12] それゆえ、学問的方法が人間の知性と意志に由来するものであるならば、存在するものが自らの方から自らを現前させることにもとづいて成立する存在するものの観照（テオリア）の方が、学問的方法よりもより根本的であることが明らかとなる。すなわち、存在するものの存在は自らを現前させることによって思惟を自らへと呼び寄せ、思惟的観照を通じての存在の意味への分有へと思惟を解放するのである。存在するものの存在へ向けてのこのような脱自的関係にもとづいて、形而上学は諸々の本質を精神の内容として統合するいかなる内在的体系をも乗り越え、理性自身の構成作用を批判的に振り返ることができるものとなる。[13] それゆえ形而上学には、常に自らの歴史的由来を検証し、自己自身の認識方法から慎重に距離を取り、存在するもの自体の真理に近づくために必要な見直しを促すといった、反省的理性による自己批判的契機が含まれるのである。

形而上学が存在するものを存在するものとして認識するということを自己の任務とするものであるならば、まさにこの「存在するものとして」という規定は、存在するものの「ロゴス」つまり本質を思惟によって把握することを目指す思惟にとっての領分であり課題であるものにほかならない。形而上学が「存在するものとして」という観点に定位するとき、それは存在するものによる思惟に対する自己提示にもとづいて常にすでに洞察していたものをこの規定において反復しているにすぎない。その限りで、形而上学は自らの成立の基本的な可能性を存在するものの側から根拠づけられたものとして確信するのである。しかし、思惟の存在するものへのこのような合致[14]（adaequatio）を達成しなければならないのは、有限的な思惟である。そして、有限的な思惟にとって存在するものの全体を把握し尽くすことは不可能であるから、「存在するものとして」という始めの洞察をその十全な意味において明確に獲得し直すことは、容易に可能なことではない。その限りで、「存在するものとして」という規定からは、「存在をめぐる巨人の戦い[15]」が引き起こされるのである。

存在するものが「存在するものとして」把握されるとき、そこで思惟が出会うのは、自らを、まさに自らの存在にもとづいて、自己自身において存在するがままに把握するように求める、存在するものからの要求である。存在するものに向けての認識のこのような開放性は、「魂において[16]」、つまり精神において遂行される。すなわち、精神は存在するものからの呼び出しを受けているのであり、このことにもとづいて精神は自己自身を、存在するものの認識が遂行される場として差し出すとともに、存在するものも認識されることにおいて自らの真理に達するのである。存在と思惟との関係の規定は、形而上学それ自体の根本問題の一つである。この問題は、不変・普遍の本質が、可変的・偶然的な感覚的印象からいかにして獲得されるのか――それは想起や照明によるのか、それとも「能動知性」の光にもとづく抽象に、または帰納によるのか――といった限定された認識論的問題に先立ち、またその根底を成すものである。すなわち、形而上学の問いは、存在するものをその存在という根本規定において把握するものであり、それゆえ、そもそも認識というものがそれ自体として存在の認識以外の何ものでもありえないならば、それは同時に認識自体の根本構造をも開示するものとなるのであるから、形而上学の根底においては存在の規定と思惟の規定との相互の照応関係（たとえば、存在するものにおける「実体－付帯性」の関係と判断における「主語－述語」の関係の対応）が姿を現してくるのである。[17]

このような照応関係は、プラトン主義的な伝統においては明確に考察されるが、これに対し、認識が存在論的な依存関係とは反対の順序で進むことを強調し、また存在論とは区別された形式論理学を構築するアリストテレス的思惟においては、かえってかなり覆い隠されたままにとどまる。それゆえ、アリストテレス的傾向の形而上学は、存在するものを自らの第一の対象としてそれに向かい、存在するものの存在論的構成の問題を深化させる方向に進んだ。存在するものについてのこのような客観主義に傾きがちな考察の仕方は、結局（たとえば十四世紀の後期スコラ学において）存在するものの存在を「対象」ないし「物」と見なして、空洞化してしまったが、この傾向は存在を外部から理性が付け足す諸規定の担い手と同一視するに至ってますます先鋭化し、[18]ひいては存在者の解明における知性の機能に対する反省へと、始めは認識論的な、のちには超越論的な観点から赴いていった。つまり、唯名論の側からの圧力のもとで、合理論的形而上学は存在するものの理解の根拠を理性の側に求め、存在するものを思惟の原理（矛盾律や充足理由律）から再構成しようとしたのである。ただ、カント（Immanuel Kant　一七二四～一八〇四年）においてはこの再構成の射程は、結局のところその存在との関係が疑われ、超越論的に思惟機能へと還元されて、それ自体としては空虚な思惟のために内容を媒介する可能な感覚的経験の領域に限定されることになる。しかし、近代の合理論的スコラ学においてすでに「実質的論理学」ないし認識論へと解消されつつあった形而上学は、こうして第一哲学たらんとするその根本意図にまったく忠実に従いながら、批判的超越論哲学（カント）となり、また「知識学」（フィヒテ）、「超越論的観念論の体系」（シェリング）、「論理学」（ヘーゲル）となった。このように超越論論理学へと姿を変えた形而上学は、存在するものを思惟の原理から構成されたものとして理解することによって、形而上学の真理をその根源において開示しようとする。つまり、神の精神の内なるイデアからの存在するものの構成という古典的テーゼが、有限的理性を要とする超越論的な転換を承けてここで反復される。「この形而上学は、思惟および思惟の規定が対象にとって異質なものではなく、むしろ対象の本質なのだと考える」[19]。それゆえ、超越論哲学と観念論が行おうとしたのは、形而上学をその根本的真理において捉えるということにほかならないのであり、現在の形而上学はこのような超越論的な問題設定を通過することによってのみ、存在するものの存在を考えることができるのである。

三　存在理解の論理的・超越論的構造

認識をたんなる思惟へと解消することに異議を唱えるために、カントは経験論的な認識の根拠づけを拠り所としながら、思弁的思惟を感覚的経験の領域との関係によって保証しようとした。これにより、彼は形而上学の問題設定を感覚的なものと精神的なものとの離在というプラトン的問題設定に引き戻す。この問題は、アリストテレスの感覚的事物と精神的存在者とを包括する形相概念と、スコラ学の類比論によって根本的に乗り越えられたものと見なされていたが、唯名論以降、存在理解が対象化され、貧弱化していくにつれて新たに出現してきたものである。また、この際に「形而上学（meta-physica）」という名称それ自体がカントの態度に影響したとも考えられる。この名称はおそらくアリストテレス学派の伝統に端を発したもので、ロードスのアンドロニコス（Andronikos 前一世紀）によるアリストテレス全集の編纂によって定着した[20]。つまり、そこでアリストテレスの一連の論文がまとまって「自然学（φυσικά）」の「後に（μετά）」置かれ、τὰ μετὰ τὰ φυσικά と題されたのである。しかし、この名称はすぐさま自ずと、自然（φύσις）の世界、あるいは近代的に言えば感覚的経験の世界からの超越（μετά）を表現するものとして解されることになった。確かに、感覚的経験から超感覚的なものへの推論という問題は、存在という包括的次元への洞察があってはじめて感覚的なものと精神的なものとのあいだの区別と関係づけが可能になる以上、あくまで存在するものそれ自体の存在の意味への問いの後に位置づけられるものである。感覚的対象も、根源的には存在するものとして理解されるのである。その意味では、カントの問題設定は形而上学の根源的な問いを覆い隠している。しかし、彼は経験の領域からの超越という問題に際して、形而上学的な思惟の構造を、それが論理的・形式的に把握可能な限りで問題にすることには成功している。彼が明らかにしたのは、形而上学的命題のもつべき論理的特質である。すなわち、形而上学が新たな認識を獲得しようとするならば、その命題は綜合的命題、つまり主語によって表示されるものについて、主語において概念的に含まれていない規定を言表する命題でなければならないが、その一方で形而上学の認識が普遍性と必然性を要求しようとするならば、その命題の述語は主語に対してア・プリオリに、つまり特殊な感覚的経験にもとづくことなく結合されるものでなければならないのである。[21]

実は本質的にこれと同じ問題が、すでにアリストテレスによる「第一哲学」の基礎づけの場面で提起され、トマス・アクィナスにより明確化されていた。すなわち、アリストテレス・トマス的な学問概念によれば、その「主題（subiectum）」を考察することと、この主題それ自体に帰属する諸規定を考察することの双方が、同一の学の任務である。なぜなら、学は事物の概念だけではなく、事物の本性に関わるからである。[22] しかし、ある対象に本質的に帰属する諸規定を意味する概念とは、まさにア・プリオリな綜合判断の述語として機能するものにほかならない。「学は主題だけではなく、主題にそれ自体に即して付帯するものを考察しなければならないのであるから、それゆえ（アリストテレスは）第一に、主題として存在するものをそれが存在するものであることに即して考察し、かつ〈存在するものそれ自体に即して内在するもの〉、つまりそれ自体に即して付帯するものをも考察するような、ある学が存在する、と述べているのである」。[23]

さて、「存在するもの」というテーマは、形而上学的認識において二重の機能を果たしている。すなわちまず、「存在する」という規定は、あらゆる概念把握と判断とが還元される基礎として、すべての認識と理解のための前概念的かつ最も原初的な起源であり、地平である[24]。この意味において、「存在するもの」は原初の未分化なかたちで、潜在的にあらゆる概念内容とあらゆる完全性を自らの内に含んでおり、潜在的には最大の可知性を保持している[25]。一方、「存在するもの」は、形而上学的な判断において述語から区別され、かつそれによって規定される主語としては、さしあたってはさらなる概念的規定や完全性を欠いた、最も無規定的な概念である。しかし、この最小限の内容しかもたない端緒的概念[26]は、根底的・包括的な存在理解を指し示している。つまり、それが意図する本来の十全的内容を完成された概念として現実に内包しているわけではないが、現に意味しえている普遍的だが稀薄な内容を通じて、前概念的だが生き生きした存在の現前を指示しているのである[27]。このように「存在する」という規定の理解が「概念（conceptio）」として、すなわち存在を受胎することとして遂行され、また「名（nomen）」として、すなわち存在に呼びかけることとして遂行されることによってのみ[28]、「存在する」ということの意味は根源的に洞察されうる。唯一「存在する」という規定にのみ固有な、概念の前概念的洞察に対するこのような緊張関係こそが[29]、あらゆる形而上学的認識の可能根拠であり、それゆえ形而上学が行うア・プリオリな綜合判断は、存在の根源的洞察が展開され、開示されたものにほかならない[30]。それどころかこの緊張は、人間の認識全般の根本構造を成すものでさえある。なぜなら、人間の認識はさしあたって与えられる個別的対象から出発して、より根本的な内容の認識へと進んでいくものだからである。つまり、人間の認識とは、個別者から普遍者への、あるいは存在するものから存在への、生きられ、かつ常にすでに理解されている緊張関係——ないし類比——にほかならない。そして、ここでは普遍者あるいは存在が、対象的に与えられる存在者に存在と認識のための根拠として内在すると同時に、それに対して無限に先行しているのである。したがって、形而上学的な存在の類比は、凌駕不可能な基盤または地平であり、一義的な範疇的内容はこの中ではじめて理解可能なものとなる。(31)またこれと同時に、感覚的なものから超感覚的なものへの可能な超越の出発点となる原理を見つけ出すための手引きとなるのも、存在するものにおける存在に対するこのような洞察なのである。以上のように、形而上学的な諸原理の正当性を明証的に示すことができる意味領域は、存在理解それ自体を仕上げていくことによってでなければ、開かれることはないのである。(32)

四　存在の超越論的諸規定

存在の超越論的諸規定——つまりあらゆる範疇に共通で、それらの区別を超越し(transcendens)、存在それ自体に帰属する諸規定——の理論を生み出す基盤となっているのは、このような存在理解を、つまり存在が存在するものにおいて自らをいかなるものとして示すかについての理解を目指す努力である。すでにアリストテレスは、「第一哲学」に対して存在するものをそれ自体として考察するという主題を与えたとき、それに関連して、存在するものはいかなるものもそれ自体として一なるものであるということ、言い換えれば一性があらゆる存在するものに共通の根本規定、すなわち超越論的規定であるということを証明している。[33]つまり、もし「人間」という本質が現実化するならば、すなわち人間が存在し始めるならば、そのときは必然的に一人の人間が存在するようになる。しかし、この「一」という規定によって「存在する」という規定に対して実在的になんらかの新たなものが付加されるわけではない。[34]したがって、「存在する」と「一」が表しているのは同一の実在(φύσις; natura)であるが、その概念(λόγος; ratio)は異なっているのである。[35]そして、これにより「存在する」とはいかなることであるかということの理解は「一」という規定を通じて拡大され、新たな洞察の可能性へと導かれることになる。

カントも、「物の超越論的述語」の理論が「古人の超越論哲学においては、いま一つの主要部分[36]」を成しており、それは「スコラ学者たちのあいだで高唱された……〈存在するものはいかなるものも、一であり、真であり、善である〉という命題[37]」において述べられているものだということを知っていた。カントはまた、あらゆる対象認識のための認識主観の内に存する可能の制約を問う自らの超越論的な問いが、スコラ学の超越論的概念についての理論と、たんに「超越論的」という用語の面のみにとどまらない、歴史的かつ内容的な連続性を保っていることにも、おおよそ気づいている。しかし、彼固有の認識の関心は事実的認識の確証に向かっていたため、彼が取り組んだのは専ら範疇という選言的な認識規定の組み合わせを提示することであった。したがってカントにとっては、存在するものすべてに帰属する規定である超越論的諸規定に関するスコラ学の理論は「たんなるトートロジー命題」にすぎず、「空虚」なものと映った[38]。そこで彼は超越論的諸規定を「量の諸範疇、つまり単一性、数多性、全体性」に還元し、そうすることによってそれらを「あらゆる物の認識全般のための論理的な要求、基準以外の何ものでもない[39]」ものとして見ようとしたが、この限りで彼は超越論的諸規定の本来の意味内容を正しく理解しえなかったと言わざるをえない。とはいえカントは、「(スコラ学者が)不注意にもこれらの基準を物それ自体の性質であるとした[40]」と断じたとき、存在するもの自体の論理学という問題、言い換えれば存在と思惟の根底的統一という問題がこの超越論的諸規定の理論において凝縮したかたちで姿を現しているという事実を意識していたとも言える。

実際、「一」、「真」、「善」という規定は、確かに存在するものそれ自体について、その内的な在り方として述語づけられるものではあるが、それらは同時に存在するものを理解する認識の働きと、この認識を構造化する人間的な思惟全般を担うものである。存在するもの自体が喚起する根源的開示性は、一方で「一」、「真」、「善」という存在の根本規定、ないし存在の名において、思惟の内に自らを語り出しているのであり、この開示性の明るみにおいて、存在するものは自らの存在を意味として思惟に対して展開することができるのである。しかし他方では、存在と思惟とのこのような連携は、思惟において成就される過程である。すなわち、超越論的諸規定は、それらが精神によって把握される概念である限りにおいては、理解の働きが開く諸次元を示すものなのである。しかし、思惟はこの連携の中で、超越論的規定において自らをその根底から存在するものにおける存在の現前へと完全に帰入させせるので、超越論的諸規定が意味しようとする内容は、まったく「存在するもの」それ自体の内容、すなわちその存在の完全性の諸側面以外のなにものでもない[41]。こうして思惟は、存在するものとの関係にもとづき、超越論的諸規定を通じて自らを位置づけ、存在するものそれ自体の認識に引き続いて、二次的に自らを存在の開示性の場として理解するのである[42]。

歴史的に見たとき、超越論的諸規定の理論は十三世紀の盛期スコラ学において、アリストテレスによるその基礎づけを踏まえ、それを新プラトン主義的な精神形而上学と綜合することによって、またキリスト教的な現実理解と神理解を背景として、展開されたものである。その白眉はトマス・アクィナスによるものであるが、彼は「存在するもの（ens）」の超越論的規定として「もの（res）」、「一（unum）」、「或るもの（aliquid）」、「真（verum）」、「善（bonum）」の五つを挙げる[43]。そして、このなかで中心的な意味をもっているのは、「一」、「真」、「善」という三規定である。これらの規定は相互に置き換えられうるので、存在するものはそれ自体として一であり、真であり、善である。同様に、一なるものは存在するものであり、真であり、善であり、また、真なるものは存在するものであり、一であり、善であり、そして、善なるものは、存在するものであり、一であり、真なのである。それゆえ、概念的には区別されるこれらの超越論的諸規定は、存在それ自体の意味の諸次元を開示する。また、それらは理解に対して根源的に「第一のもの（prima）」として与えられる一方で、思惟における存在それ自体の（自己）解釈にほかならないのである。

すでにドゥンス・スコトゥス（Johannes Duns Scotus　一二六五／六六～一三〇八年）

においてその始まりを認めることができる形而上学の合理主義的変質は、あらゆる次元を超えた存在論的統一への洞察を解体してしまった。そこに端を発して、「存在」はたんなる事実性、あるいは「対象一般」という無内容な一義性と考えられ、「一」は量的、数学的な大きさ、あるいは測定を可能にする単位と解された。そして、「真」は精神に内在する諸々の原理や可能性の体系的連関と見なされ、また「善」は合理論的に存在概念に吸収され、あるいは功利主義的に利益へと還元されるか、さもなくば存在から切り離された価値や命法と同一視された。これに対し、古典的な超越論的諸規定の理論はこれらの諸規定の概念的区別をそのままに保ちながら、同時にこの区別に先立つ、存在ないし存在するものそれ自体におけるそれらの同一性を示そうとするのである。

超越論的諸規定の導出は、形而上学的な言語と認識の全般の可能性と構造そのものの解明に関わるものであるが、その導出の詳細は別稿に譲ることとして[44]、ここではその根本構造を示唆するに留めよう。存在するものだけが、根源的に自らと一致し、つまり一なるものであり、そして認識可能なもの、つまり真なるもの、また欲求可能なもの、つまり善なるものでありうる。その限りで、超越論的諸規定は存在それ自体に属する特質であって、それゆえそれらは存在論的に存在それ自体と同一であり、また互いに同一なのである。しかし、存在とその超越論的諸規定の相互の述語づけは、空虚な同語反復に解消されてしまうことはない。なぜなら、確かに「一」、「真」、「善」といった概念の内容は「存在する」という概念の内容を前提としなければ考えることができないものである——ただ「存在する」という規定の方は、「一」、「真」、「善」といった概念とは独立して理解可能であると思われる——とはいえ、超越論的諸規定の概念的内容は互いに異なり、また「存在する」という規定とも異なるからである。[45]とすれば、これら相互の概念的相違の起源は、思惟し、認識する知性、つまり精神の内に求めるべきだということになる。[46]

したがって、超越論的諸規定は、思惟の働きを通じて現れる規定である。しかしながら、それらが意味する内容は、唯名論において考えられているような仕方で、存在するものに対して外から付与されるのではなく、存在するものそれ自体に所属するものとして認識される。つまり、それらはたんなる理性の構成物ではなく、存在するものそれ自体から知性が受け取ったものなのである。ただし、それらの区別は理性の活動に由来する。[47]さて、超越論的諸規定は、それらが還元不可能な根本規定としてあらゆる認識を担い、形成するものである限りにおいて、知性をその理解の働きの発現において内容的原理として構成する。それゆえ、このような原理としての超越論的諸規定は、精神が存在するものと出会うことを通じて、究極的原理としての存在から、自らの根本的自己遂行に関して構成され、そのうえでさらに自ら自己を構成する在り様が、言葉として語り出されてくる本来の場なのである。すなわち、これらの根本規定は、理性がより以前に得た規定を元にして恣意的に作り上げることができないものである限りにおいては、存在自体の精神における自己解釈であると同時に、その区別が精神にのみ由来するものである限りにおいては、思惟によって構成される内容でもあるのである。こうして、超越論的諸規定において、存在と思惟の結節点が双方の統一と区別に即して現出する。そして、志向的認識はこの統一と区別という両契機が一体となって、はじめて可能とされるのである。

したがって、超越論的諸規定が存在するものに述語づけられるとき、それらは存在論的な根本概念であり、またカント的に考えれば対象の規定であるが、他方それらの概念としての起源は、知性のいくつかの根本的な働き方に求められる。つまり、カント的な意味でまさに超越論的に理解されなければならないのである。ただし、超越論的諸規定のこのような超越論的理解は、カントをも越えてさらに徹底化されなければならない。つまり、超越論的諸規定の認識において知性は自らを存在という自らの根源に関係づけられたものとして見抜いているのであるから、主観への超越論的還帰は、超越論的領域に先立つ次元において主観が主観を超越する存在それ自体から根拠づけられ、かつそれにもとづいて自らを根拠づけるところにまで深化していかなければならないのである。実際、あらゆる認識はその根源的遂行を判断において「である」と語ることによって現実化するが、この「である」という語りにおいて、認識はまさに認識の働きにもとづかないものを語り出している。[48] 後期フィヒテ(Johann Gottlieb Fichte　一七六二～一八一四年)が示しているように、[49] 存在それ自体を前にして思惟ないし認識は自らの自立にもとづく妥当性の要求、あるいは事物を自己の構成に還元しようとする主張を打ち砕かれる。すなわち、ここで認識は自らをその根源に向けて貫入し、存在に向かって開かれた自らの関係性を明るみに出し、自らをこの関係性に解消するのであり、まさにそれによって存在それ自体を思惟において、思惟に対して顕わにするのである。

トマス・アクィナスに従って、超越論的諸規定の構成、およびそれにともなう認識の働きの根本様式の存在からの構成を、具体的には主に次のような諸段階を踏んで進展するものとして再構成することができる。超越論的諸規定は互いに区別されて理解されるが、いかなる区別も否定を、つまりあるものについて別のものを否定することを前提として含んでいるので、知性は超越論的諸規定の導出のためにまずこの否定それ自体を獲得しなければならない。(50)「存在する」という最も根源的な規定は純粋な肯定性を表現しており、それゆえそこから否定が獲得されるのは、存在が有限的知性に対してさしあたり始めには有限的存在者、つまりアリストテレス的実体という姿で自らを示す限りにおいてである。すなわち、有限的存在者は非存在を自らに先立つものでありながら自己自身の可能性でもあるものとして開示し、かつ自らがもっている事実的な存在の肯定性によって非存在を自身から遠ざけ、排除する。非存在ないし無はこのようにして、存在するものが存在するものとして自らを主題化するための媒介となるが、同時に自らの起源を有限的存在者の存在に帰す。すなわち非存在の理解は、その本質により存在しないことも可能な存在者の存在が精神に映し出されることにもとづいているのである。したがって、区別の前提となる「肯定−否定」という差異には存在に対する非存在の対立が先立っている。(51)

存在するものにおいて、それ自体としては存在の可能性でしかないその有限的な本質は、存在という無制約的現実性から区別されるが、この区別は「存在−非存在」の対立を可能にする背景として主題化される。まさにこの存在するもの自体における「本質－存在」という差異が、存在するものを見る二通りの可能性を根拠づける。すなわち、存在するものはまずその存在に即してほかならぬ「存在するもの（ens）」として考察され、またその本質に即して「もの（res）」として考察される[52]。そして、これに従って知性においては認識の言明における二つの基本的な相、つまり「Aがある」という実在判断と、「AはBである」という本質判断とが区別されるのである。

さらに、存在が自らを非存在から引き離すことにともなって「相異性」および「他」という規定が得られるが、「存在する」という内容の純粋な肯定性は、さらに分割を含意するこれらの規定を自己から除外し、そうすることによって自らを「分割されないもの（indivisum）」、すなわち「一（unum）」なるものとして確立する。そして、分割の概念を否定することによって定義されるこの「一」という超越論的規定は、存在がもつ積極的な自己同一性、ないし自己還帰的な自己措定の性格を表面化させる[53]。しかし、ここで洞察された存在の自己同一性の性格が、A＝Aというかたちで自己を区別し二重化する働きを通して考察されて、存在者における自己自身からの自己自身への関係が考えられ、そのうえでこの関係における実在的区別が否定されるならば、このような思惟からは「区別」、「自己関係性」、「綜合」といった働きとその概念、およびその結果として判断の形式そのものが獲得される。また、自己同一性の関係がたんなる思考上の関係として、存在するものそれ自体の実在的な一性とは区別されたものであることが知られる限りで、知性とそれによる思惟の働きが存在するものから区別されることが洞察される。そして、この洞察によって認識の志向性、判断の真理、判断する主観の反省的自己意識が主題化されるのである。

しかし、こうして知性と存在するものの区別が洞察されるにともなって、すでに実在的な「他」という規定、ひいては「多」、「比較」、「限界」、「関係」、「全体的秩序」(すなわち「世界」)といった規定もまた措定されていることになる。つまり、知性と存在するものの区別への洞察によって、知性は「存在するもの」を関係の中に置かれたものとして考察するようになるのである。(54) そして、知性自身も存在するものである限りにおいて、やはり関係の中に置かれたものとして考えられるようになる。

しかし、存在するもの、およびその存在を、関係に即して超越論的な規定によってそれ自体として性格づけることが可能となるためには、存在するものに存在するものとして関係し、したがって存在それ自体に関係するような、ある存在者が存在すること、そしてこの特定の存在者との関係を通じて「存在するもの」がまさに「存在するもの」として解明されうるということが必要である。トマスがアリストテレスに従って述べているように、存在それ自体に、それゆえすべてのものに関わり、その限りで「ある意味ですべてである」と言われるこの存在者は、「魂」、つまり精神にほかならない。(55) 精神は、存在するものをそれ自体においてあるがままに顕わにし、しかもそれを自らに対して現前させることのできる存在者であるが(56)、精神のこのような普遍的関係性ないし端的な開放性は、これまで導出されてきた超越論的諸規定において、それらの認識可能性の根拠としてすでに含意されていた。しかし、知性の存在するものへの関係は、それ以上遡行することが不可能な究極的ア・プリオリとして前提されるべきものではない。この関係を通じて存在とはそれ自体においていかなるものであるのかということが解明されるべきであるならば、この関係自体が存在それ自体において根拠づけられたものであることが理解されなければならないのである。したがって、存在するものの理解は、精神から存在への、あるいは主観から客観への一方的関係にもとづいて行われるのではない。精神自体がある存在者であり、精神と存在の関係は、存在するものが存在するものとして他の存在するもの（すなわち精神）にその存在するものとしての性格にもとづいて関係することとして理解されるべきなのである。したがって、精神の存在への関係の遂行は、それが存在するものの存在するものへの関係であるということに即して、存在にもとづいて理解されなければならない。存在するもの同士が、まさに存在するものである限りにおいて関係するとき、この関係は必然的に相互関係となる。それゆえ、このような関係を基礎づけるものとして存在に二重の性格がなければならず、またそれはこの関係を通じて明らかとなるはずである(57)。

このような相互関係は、まず第一に存在するものが他の存在するものに向かって自らを提示し、それが後者によって受け入れられ、その中で遂行されるということを含む。このように存在者の自己提示を精神という別の存在者が受け入れて遂行するということ、これはすなわち精神という存在者が自らとは異なる他の存在者をその本質に即して認識することにほかならない(58)。しかし、この精神にとって他なる存在者は、その本質ないし他性において尽きるものではなく、その本質はこの存在者の現実的存在を表現するものであるのだから、この存在者は精神という他において自らを提示し、認識されることを通して、自らの現実的存在自体を精神からの関わりに対して差し出している。そして、存在者が、他の存在者のその現実的存在における遂行への関わりを現実化する働きは、自己自身を超越する欲求あるいは愛の働きなのである[59]。存在するものが本質と現実的存在という二重の相を具えていることで、それが他の存在者によって認識されるものであり、また欲求されるものであるということが可能にされる[60]。しかし、認識は自らの知の能力と真理性の源泉として存在するものの存在を指し示すとすれば、それにより存在するものの存在がすでにそれ自体として可知的なもの、言い換えれば存在論的に「真（verum）」なるものだということが明らかとなる[61]。同様に、欲求や愛は、自らの情意的な、あるいは意志的な肯定の源泉として、同じ存在するものの存在を指し示し、それにより存在するものの存在が肯定や欲求にふさわしい充実、すなわち存在論的に「善（bonum）」なるものであるということが示されるのである[62]。したがって、存在するものの真理性は、それが認識する精神において現前するための根拠であり、また精神自身の自己への現前も、精神が自己を他の存在するものの認識を介してのみ、しかも存在するものとしてのみ認識しうるものである以上、やはり存在するものの真理性によって可能にされているのである。一方、存在するものの善性は、精神が存在するものの現実性それ自体へと脱自的に超越していくことを可能とする根拠であり、また精神の自己実現も、精神が現実的存在の充実への愛によって存在するものに関わることを通してのみ、自己自身の現実性と意味とを肯定し、形成しうるものである以上、存在するものの善性にもとづいているのである。

存在するものは、認識と欲求の働きを根拠づけることを通して自らを主題化するとき、他の存在者、つまり精神に対して自らを相互の交わりに対して開放するという特質は、存在するものがその固有の存在に即して自ら存在し自らを根拠づけることにほかならず、反対にその自己存在は同時に他の存在者に開かれ、他の存在者のために存在することでもある。それゆえ、存在は根底においていかなる排他性も含まず、いかなる主観・客観の対立も、真の存在理解によって解消されるのである。

これまでの考察によって暗示されているように、超越論的諸規定、とりわけ「真」と「善」という規定が存在するもの同士の相互関係、特に存在するものへの精神の関わりにもとづいて展開されてきたものであるとすれば、超越論的諸規定は究極的に相互的な交わりの理論の根拠づけを含むものとなるだろう。なぜなら、精神と存在するものとの相互関係が成就するのは、精神的存在者、つまり人格同士のあいだの認識と意志の働き合いにおいてであるからである。「一」、「真」、「善」という規定が、対話や論証、そして共同生活のための構造原理であるとすれば、これらの規定はたんに存在論的・精神形而上学的な規定としてのみ存在するものと精神とに内在しているわけではない。むしろ、アーペル(Karl-Otto Apel 一九二二〜二〇一七年)が指摘しているように、「〈一〉、〈真〉、〈善〉の同一性」は、自由に遂行される人間的実践のための「意味批判的に必要な要請[63]」ないし目的像である。つまり、交わりは人格間の合意（「一」）、真理の追究（「真」）、そして相互の承認という倫理的な規則（「善」）にもとづいて成立するものなのである。

このように超越論的諸規定には、人間同士の交わりと、人間の精神を規範づける力が具わっており、その限りで、超越論的規定の内には、有限的存在者と人間の精神に先立ち、それらをその意味において根拠づける無制約的な完全性としての存在が開示されると言えよう。

註

（1）Unde necesse est, quod una earum sit aliarum omnium rectrix, quae nomen sapientiae recte vindicat: Thomas Aquinas, *In XII Metaph.* prooemium.

（2）Metaphysik ist, wenngleich nicht als Wissenschaft, doch als Naturanlage (metaphysica naturalis) wirklich. ... so ist wirklich in allen Menschen, sobald Vernunft sich in ihnen bis zur Spekulation erweitert, irgendeine Metaphysik zu aller Zeit gewesen, und wird auch immer darin bleiben: I. Kant, *Kritik der reinen Vernunft* B 21.

（3）sicut in demonstrabilibus oportet fieri reductionem in aliqua principia per se intellectui nota, ita investigando quid est unumquodque; ... Illud autem quod primo intellectus concipit quasi notissimum, et in quo omnes conceptiones resolvit, est ens, ut Avicenna dicit in principio *Metaphysicae* suae: Thomas Aquinas, *De veritate* q. 1 a. 1 c.

（4）Necessitas autem huius scientiae quae speculatur ens et per se accidentia entis, ex hoc apparet, quia huiusmodi non debent ignota remanere, cum ex eis aliorum dependeat cognitio: id., *In IV Metaph.* l. 1, n. 531. Huiusmodi autem non debent omnino indeterminata remanere, cum sine his completa cognitio de his, quae sunt propria alicui generi vel speciei, haberi non possit: id., *In XII Metaph.* prooemium.

(5) Unde oportet quod omnes aliae conceptiones intellectus accipiantur ex additione ad ens: id., *De veritate* q. 1 a. 1 c.

(6) Sunt autem secundum se notiora, quae plus habent de entitate: quia unumquodque cognoscibile est inquantum est ens: id., *In I Phys.* l. 1, n. 7.

(7) principia per se intellectui nota: id., *De veritate* q. 1 a. 1 c.

(8) Cognoscitur autem (scl. veritas) ab intellectu secundum quod intellectus reflectitur supra actum suum, non solum secundum quod cognoscit actum suum, sed secundum quod cognoscit proportionem eius ad rem: quod quidem cognosci non potest nisi cognita natura ipsius actus; quae cognosci non potest, nisi cognoscatur natura principii activi, quod est ipse intellectus: *ibid.*, q. 1 a. 9 c.

(9) τὸ γὰρ αὐτὸ νοεῖν ἐστίν τε καὶ εἶναι: Parmenides, frg. 3.

(10) ἡ νόησις νοήσεως: Aristoteles, *Metaphysica Λ* 9, 1074b34; cf. id., *De anima* III 4; *ibid.*, III 6.

(11) Intellectus autem per prius apprehendit ipsum ens; et secundario apprehendit se intelligere ens: Thomas Aquinas, *Summa theologiae* (=*S. th.*) I q. 16 a. 4 ad 2.

(12) non est verum quod intelligere sit nobilius quam esse; sed determinatur ab esse, immo sic esse eo est nobilius: id., *De veritate* q. 22 a. 6 ad 1.

(13) Cf. id., *S. th.* I q. 13 a. 1 ad 2 et ad 3.

(14) Hoc est ergo quod addit verum supra ens, scilicet conformitatem, sive adaequationem rei et intellectus: id., *De veritate* q. 1 a. 1 c.

(15) γιγαντομαχία ... περὶ τῆς οὐσίας: Plato, *Sophista* 246A 4–5; cf. M. Heidegger, *Sein und Zeit*, 14. Auflage, Tübingen 1977, S. 2.

(16) ἐν τῇ ψυχῇ: Aristoteles, *De anima* III 7, 431b6–7.

(17) Cf. Thomas Aquinas, *S. th.* I q. 13 a. 1 ad 2.

(18) sicut alias dictum est de bono, vero et aliis conceptibus connotativis quae tantum habent quid nominis et non quid rei nec rationis: William Ockham, *Reportatio* IV q. 10–11 (*OTh* VII, 224).

(19) Diese Metaphysik hielt somit dafür, daß das Denken und die Bestimmungen des Denkens nicht ein den Gegenständen fremdes, sondern vielmehr deren Wesen sey: G. W. F. Hegel, *Wissenschaft der Logik*, Einleitung, (*Ges. Werke*, Bd. 11, Hamburg 1978, S. 17).

(20) Cf. H. Reiner, Die Entstehung und ursprüngliche Bedeutung des Namens Metaphysik, *Zeitschrift für philosophische Forschung* 8 (1954), S. 210–237; id., Die Entstehung der Lehre vom bibliothekarischen Ursprung des Namens Metaphysik, *ibid.*, 9 (1955), S. 77–99.

(21) so besteht Metaphysik wenigstens ihrem Zwecke nach aus lauter synthetischen Sätzen a priori: I. Kant, *op. cit.*, B 18.

(22) Et hujusmodi, scilicet ens rationis, est proprie subiectum logicae. ... Unde concludit, quod subiectum logicae aequiparatur subiecto philosophiae, quod est ens naturae: Thomas Aquinas, *In IV Metaph.* l. 4, n. 574; cf. Aristoteles, *Metaphysica Γ* 2.

(23) Quia ergo scientia non solum debet speculari subiectum, sed etiam subiecto per se accidentia: ideo dicit primo, quod est quaedam scientia, quae speculatur ens secundum quod ens, sicut subiectum, et speculatur "ea quae insunt enti per se," idest entis per se accidentia: Thomas Aquinas, *In IV Metaph.* l. 1, n. 529.

(24) Inquantum ergo quaelibet mens quicquid per certitudinem cognoscit, in his principiis intuetur, secundum quae de omnibus iudicatur, facta resolutione in ipsa: id., *Summa contra Gentiles* III, 47, n. 2243.

(25) ipsum esse est perfectissimum omnium: id., *S. th.* I q. 4 a. 1 ad 3.

(26) Ens autem absolute dictum, super quod omnia ista addunt rationes certas, communissimum est in se: id., *De natura generis* c. 2, n. 482.

(27) Et sic, cum hoc nomen *sapiens* de homine dicitur, quodammodo circumscribit et comprehendit rem significatam: non autem cum dicitur de Deo, sed relinquit rem significatam ut incomprehensam, et excedentem nominis significationem. ... Et eadem ratio est de aliis: id., *S. th.* I q. 13 a. 5 c.

(28) Cf. id., *De veritate* q. 1 a. 1 c.; id., *S. th.* I q. 27 a. 2 ad 2.

(29) Quolibet enim alio nomine determinatur aliquis modus substantiae rei: sed hoc nomen *Qui est* nullum modum essendi determinat, sed se habet indeterminate ad omnes; et ideo nominat ipsum *pelagus substantiae infinitum*: *ibid.*, I q. 13 a. 11 c.

(30) secundum hoc aliqua dicuntur addere supra ens, in quantum exprimunt ipsius modum, qui nomine ipsius entis non exprimitur. ... Alio modi ita quod modus expressus sit modus generaliter consequens omne ens: id., *De veritate* q. 1 a. 1 c.

(31) ens namque est obiectum intellectus primum, cum nihil sciri possit nisi secundum quod est ens actu: id., *De natura generis* c. 1, n. 475.

(32) Cf. M. Heidegger, *op. cit.*, S. 1f. Das Ens, als maxime scibile in der genannten Bedeutung gefaßt, bedeutet nichts anderes als die *Bedingung der Möglichkeit von Gegenstandserkenntnis*

überhaupt: id., *Die Kategorien- und Bedeutungslehre des Duns Scotus*, in: id., *Frühe Schriften*, Frankfurt am Main 1972, S. 157.

(33) Aristoteles, *Metaphysica Γ* 2.

(34) Cf. Thomas Aquinas, *In IV Metaph.* l. 2, n. 550–551.

(35) Patet autem ex praedicta ratione, non solum quod sunt unum re, sed quod differunt ratione: *ibid.*, l. 2, n. 553.

(36) Cf. I. Kant, *op. cit.*, B 113–114. （註（37）、註（39）参照）

(37) Es findet sich aber in der Transzendentalphilosophie der Alten noch ein Hauptstück vor, welches reine Verstandesbegriffe enthält, die, ob sie gleich nicht unter die Kategorien gezählt werden, dennoch, nach ihnen, als Begriffe a priori von Gegenständen gelten sollten, in welchem Falle sie aber die Zahl der Kategorien vermehren würden, welches nicht sein kann. Diese trägt der unter den Scholastikern so berufene Satz vor: quodlibet ens est unum, verum, bonum: *ibid.*, B 113.

(38) Ob nun zwar der Gebrauch dieses Prinzips in Absicht auf die Folgerungen (die lauter tautologische Sätze gaben) sehr kümmerlich ausfiel ... so leer er auch zu sein scheint: *ibid.*

(39) Diese vermeintlich transzendentalen Prädikate der Dinge sind nichts anderes als logische Erfordernisse und Kriterien aller Erkenntnis der Dinge überhaupt, und legen ihr die Kategorien der Quantität, nämlich der Einheit, Vielheit und Allheit, zum Grunde: *ibid.*, B 114.

(40) ... diese Kriterien des Denkens unbehutsamerweise zu Eigenschaften der Dinge an sich selbst machten: *ibid.*

(41) Inter ista quatuor prima, maxime primum est ens: Thomas Aquinas, *De potentia* q. 9 a. 7 ad 6.

(42) veritas fundatur in esse rei: id., *In I Sent.* d. 19 q. 5 a. 1 sol.

(43) Cf. id., *De veritate* q. 1 a. 1 c. Vgl. W. Czapiewski, *Das Schöne bei Thomas von Aquin*, Freiburg 1964, S. 24–34.

(44) 本書「トマス・アクィナスにおける存在理解の展開」九七―一五九頁参照。

(45) Nam si non differrent ratione, essent penitus synonyma; et sic nugatio esset cum dicitur, ens homo et unus homo: Thomas Aquinas, *In IV Metaph.* l. 2, n. 553.

(46) Oportet autem quod alia tria (scl. unum, verum, bonum) super ens addant aliquid quod ens non contrahat; si enim contraherent ens, iam non essent prima. Hoc autem esse non potest nisi addant aliquid secundum rationem tantum: id., *De potentia* q. 9 a. 7 ad 6.

(47) Cf. id., *De veritate* q. 21 a. 1; id., *In IV Metaph.* l. 2, n. 549.

(48) Veritas autem propositionis significatur per hoc verbum ‘est’: quae comparatur ad existentiam rei sicut effectus ad suam causam: ex hoc namque quod aliquid in rerum natura est, sequitur veritas in propositione, quae illud significat quod ipsum verbum ‘est’: id., *De natura generis* c. 3, n. 484; secundo modo potest dici ens omne illud de quo affirmative propositio formari potest: id., *De ente et essentia* c. 1, n. 2.

(49) J. G. Fichte, (Zweite) *Wissenschaftslehre* (1804), 14. Vortrag; *ibid.*, 26. Vortrag.

(50) pluralitas principiorum non facit divisionem et pluralitatem in secundis compositis, nisi inquantum manet inter ea virtus oppositionis primae, quae est inter ens et non ens, ex qua habet rationem diversitatis: Thomas Aquinas, *In Boethii De Trinitate* q. 4 a. 1 c.

(51) prima enim ratio distinctionis consideratur in affirmatione et negatione: id., *In IV Metaph.* l. 9, n. 660.

(52) hoc nomen Res imponitur a quidditate tantum; hoc vero nomen Ens, imponitur ab actu

essendi: *ibid.*, l. 2, n. 553; cf. id., *De veritate* q. 1 a. 1 c.

(53) esse cuiuslibet rei consistit in indivisione: id., *S. th.* I q. 11 a. 1 c.

(54) secundum quod consequitur unumquodque ens in ordine ad aliud: id., *De veritate* q. 1 a. 1 c.; cf. id., *De potentia* q. 9 a. 7 ad 6.

(55) ... animam, quae quodammodo est omnia: id., *De natura generis* c. 2, n. 481; cf. Aristoteles, *De anima* III 5, 430a 14–15.

(56) Alio modo secundum convenientiam unius entis ad aliud; et hoc quidem non potest esse nisi accipiatur aliquid quod natum sit convenire cum omni ente. Hoc autem est anima, quae quodammodo est omnia: Thomas Aquinas, *De veritate* q. 1 a. 1 c.

(57) Res autem ad animam invenitur duplicem habitudinem habere: unam secundum quod ipsa res est in anima per modum animae, et non per modum sui; aliam secundum quod anima comparatur ad rem in suo esse existentem: *ibid.*, q. 22 a. 10 c.

(58) obiectum animae est aliquid dupliciter. Uno modo in quantum natum est esse in anima non secundum esse proprium, sed secundum modum animae, id est spiritualiter; et haec est ratio cognoscibilis in quantum est cognoscibile: *ibid.*

(59) Alio modo est aliquid obiectum animae secundum quod ad ipsum anima inclinatur et ordinatur secundum modum ipsius rei in seipsa existentis; et haec est ratio appetibilis in quantum est appetibile: *ibid.*

(60) Unde cognoscitivum et appetitivum constituunt diversa genera potentiarum: *ibid.*

(61) Secundum hoc ergo tripliciter veritas et verum definiri invenitur. Uno modo secundum id quod praecedit rationem veritatis, et in quo verum fundatur; et sic Augustinus definit in lib. *Solil.*: Verum

est id quod est: *ibid.*, q. 1 a. 1 c.

(62) Prima autem non possunt notificari per aliqua priora, sed notificantur per posteriora, sicut causa per proprios effectus. Cum autem bonum proprie sit motivum appetitus, describitur bonum per motum appetitus, sicut solet manifestari vis motiva per motum: id., *In I Eth.* l. 1, n. 9.

(63) Darin, daß die Wahrheitssuche mit der Voraussetzung des intersubjektiven Konsensus auch die Moral einer idealen Kommunikationsgemeinschaft antizipieren muß, dürfte sich viel eher ein modernes Analogon der klassischen Lehre von den "Transzendentalien" zeigen: Was die klassische Metaphysik sub specie aeternitatis als *seiend* unterstellte — die Identität des *unum, bonum, verum* —, das muß die moderne Philosophie einer geschichtlich riskanten Vermittlung von Theorie und Praxis immer noch als *sinnkritisch notwendiges Postulat* und — hinsichtlich der Realisierung — als "Prinzip Hoffnung" unterstellen: K.-O. Apel, Das Apriori der Kommunikationsgemeinschaft und die Grundlagen der Ethik, in: id., *Transformation der Philosophie*, Bd. 2, Frankfurt am Main 1976, S. 405.

［訳：矢玉俊彦］

（初出：『哲学』第四二号、日本哲学会、一九九二年四月）

トマス・アクィナスにおける神認識の構造

一　認識一般と神認識

そもそも認識とは何であるのか、という問いは、トマス・アクィナス（Thomas Aquinas 一二二五～七四年）にとって、認識が現実に対して有する関わりからのみ明らかにされうる問いである。[1] なぜなら、人間精神は現実に問いかけて、存在者をそれが存在するがままに把握するときにこの志向性において充実化されるからである。[2] 認識が向かっていく現実の多様な諸領域の中で、無制約的存在ないし神はトマスにとって根本的で中心的な位置を占めるものである。なぜなら、あらゆる存在者は自らの根拠と目的に対する関係において把握されるときにはじめて十全に理解されるが、[3]「神」という言葉が意味するのは、まさにあらゆる有限的現実の第一の、普遍的な根源、そして意義の源泉にほかならないからである。[4] それゆえ、認識一般の構造は神認識において集約される。[5] つまり、人間の認識一般は、経験と判断、悟性的媒介と単純な直観、肯定と否定によって成り立っている以上、世界内的な存在者が純粋存在を自らの第一根拠とする限り、認識にとって基礎的なそれらの諸要素は、有限的存在者と神との関係においてその本来的な形を現すものと考えられる。このような意味で以下の小論においては、『神学大全 Summa theologiae』(第一部、第一三問)の中でトマスが展開しているような神の名称、または神についての語りの分析を考察したい[6]。

二　神認識の媒介構造

トマスが強調しているように、神の現実は人間に対し直接に与えられるのではない。つまり——極端なアウグスティヌス主義の言うように——直観によって直接に与えられるということも[7]、あるいはまた——神の概念からその存在を明らかにしようとするカンタベリーのアンセルムス(Anselmus　一〇三三/三四～一一〇九年)による神の存在証明において考えられているように——概念によって直接に与えられるということもない[8]。しかし他方で、神についての語りは、それが信仰を踏まえたものであれ批判的なものであれ、神それ自体を実質的内容をもった述語によって性格づけようとするものである[9]。この両面性こそがトマスにとって神認識の構造の問題の核心を成す。すなわち、神が認識に対して直接に与えられるのではないのならば、神の本質についての語りがいかにして成立するのか、ということが問われるのである。

このディレンマから脱するため、キリスト教的新プラトン主義者ディオニュシオス・アレオパギテス（Dionysios Areopagites　五〇〇年頃）は、「善い」、「知恵ある」のような実質的内容をもった神についての述語を、このような述語は被造物において存在しているある完全性の根源として神を示すものであり、[10]神の本質それ自体を表明するものではない、[11]との理解にもとづいて解釈した。よって、神を「善い」と呼ぶということは、神が世界内のあらゆる善いものの根源である、ということ以上の意味をもたないということになる。[12]

トマスはディオニュシオスの思想と対話しつつ、このような否定神学の意図に対して、基本的には賛意を示す。なぜなら、トマスにとっても人間は（十全な本質認識という意味で）神が何であるかを知ることはなく、[13]ただ（有限的存在者の実在の必然的根拠として）神が存在することを知るのみだからである。[14]しかし同時に彼は、否定神学が自らを根本的で唯一無二のものであると主張をするときにはこれを批判し、[15]否定神学に二次的な機能のみを割り当てる。なぜなら「神」という言葉においては、存在論的な第一者としての完全者が肯定的・積極的に思念されているのであって、この概念は他のもの、つまり存在論的に第二義的なものからただ否定のみによって導出・構成されうるものではない以上、[16]この事実に会うとき、神を専ら否定を通して、あるいは知られざるものとしての神への有限者の依存関係を通して考えようとするいかなる試みも挫折するからである。[17]したがって神についての語りが意味をもち、また神が認識可能であるはずならば、人間の認識は神にその固有の存在において本来的・本質的に帰属する内容を捉えるに違いない、[18]とトマスは推論する。この驚くべき推論は、人間の認識の力を強調する。[19]しかしながら、ここで主張されているのは、基本的には否定に対する肯定の先行性、媒介的・否定的推論に対する肯定的理解の先行性にすぎない。つまり、この先行性によって開示されるのは、思惟のすべての力はもはや思惟[20]からは作り出すことも構成することもできない自明性に根差している、という事態なのである。

しかしながら、トマスは対象的な神直観、ないし神経験を説くあらゆる理論からは遠く離れている。[21] 彼はむしろ、人間のすべての認識が感覚的認識に始まり、[22] 存在論的に第一のもの[23]は認識の道においては後に、つまり媒介を経て認識されると考える点で、[24] 自分がアリストテレスに一致しているとの自覚を持っている。神認識に対する有限的な主観[25]と客観[26]によるこのような制約は、神が、それ自体において単純なものであるにもかかわらず、[27] 人間の神認識においては経験から汲み取られた多様な諸概念によって規定されるという事態、[28] およびこの認識が人間の行う判断の有限的形式——つまり主語への述語の結合——を通して遂行されるという事態の中に現れている。[29]

さて、人間の認識が感覚より始まるのであるならば、感覚的認識が神に真の意味で帰属する存在論的諸規定の認識に対してどのように関係するのかという問いが不可避となる。[30] 神認識をめぐるこのような問題の核心は、有限的・偶然的事実の認識が、純粋な存在ないし無制約的な完全性についてこれを第一のものとして明らかにするような認識へと媒介していかなければならない、という点にある。[31] つまり、感覚的認識に直接に与えられるものの中に、存在（第一のもの、根底的なるもの、完全なるもの）の直接的に理解可能な自明性へと導くようなある媒介[32]がいかにして成立するのか、ということが問われるのである。ここで、この認識においては、三つの要素が浮かび上がってくる。つまり、受容的な感覚的認識、悟性的媒介、[33]そして知性的理解である。[34]しかし、これら三つの要素が一つの統一した明証的認識連関を形成するのは、カント[36]（Immanuel Kant　一七二四～一八〇四年）におけるように感覚と悟性、[35]そして悟性と理性が互いに異質な別々の諸能力とされるのではなく、感覚、悟性、知性が根源的に共属的なものとして人間の一なる存在者認識を構成する契機とされる場合のみである。[37]しかし、経験と判断、推論と直観、媒介と直接性を混合することなく結合するならば、そのとき感覚的対象の認識の中にすでに純粋な存在それ自体を第一のもの、根底的なものとして明るみに出すような媒介が遂行されているはずである。[38]このような媒介構造は神認識において明確化するが、まさにこの媒介構造が、形而上学――あるいは存在論的に普遍的な事柄を認識課題とするものとしての哲学一般――の可能根拠であり、さらに根本的にはすでに日常的な認識の内に遂行されているのである。つまり、日常言語に普遍概念が含まれているということからもわかるように、日常的認識は感覚的経験においてすでに普遍的なもの、必然的なものの地平の中へと歩み出ているのである。[39]

三　分有による存在論的媒介

感性、推論的悟性、知性的直観からなる認識の人間論的構成は、神についての語りの構造を明らかにするが、認識主体に内在的な媒介は、それがたんに主観的な必然性にもとづくばかりではなく、認識される存在者の自己開示を原動力とするとき[40]、つまり客観的に基礎づけられるときに、はじめて現実の認識となる。世界内の存在者自体が本質的に、純粋な無制約的な存在へと関係するものであり[41]、またこの意味において世界内の存在者が自らの根源としての神の超越性[42]に向けて自らを媒介することによってのみ、認識はこの存在論的関係の再遂行として、感覚的現象において現れる存在者から出発して無制約的な神的存在[43]へと至ることができるのである。

神的存在へ向けての存在者のこのような本質的透明性を、トマスは「表出[44]」と「類似[45]」という概念によって把握する。ただしその意味は、世界内の存在者が神に比較されることによって神に似たものとして認識されるということではなく、世界内の存在者が自らの存在のゆえに自らの根源としての無制約的存在を現しつつ、それへと自らを超出していくということである[46]。存在者の自らの根拠に対するこのような関係は、存在者がその偶然的事実性においてもつ積極的な在り方のすべてが、この偶然性にもとづいて成立するのではなく、本来は純粋存在そのものに本質的に、そしてより高度な仕方で帰属するものである、という点において明白となる[47]。なぜなら、有限的存在者におけるすべての規定は存在および善性そのものの有限的な在り方にほかならないが、存在および善性はその本質からしてあれこれの有限的存在者において実現される必要はないからである[48]。このように有限的・偶然的存在者は、純粋で無制約的な存在を自らの根拠として指し示すことによって、有限的存在者は、純粋な存在自体を、自らに似たもの[49]であると同時に、自らを凌駕し[50]先行するもの[51]、したがって自らに依存しない超越的なもの[52]として顕わにする。有限的存在者が神的存在の類似であり、表出であるのは、有限的存在者の本質が純粋存在への分有である限りにおいて、つまり、それぞれの有限的存在者に完全性の一定の段階が固有に具わり[53]、この完全性が存在の在り方として根源であり尺度である存在そのものへの関係において遂行される限りにおいてである[54]。

このように、有限的存在者は自らの内において、根源[55]、原像[56]としての純粋存在、ないし無制約的完全性への存在論的差異性[57]を開示する。存在者がこのような自己相対化を通して示すのは、存在者が常に、そして本質的に、純粋な神的存在からの関係の内部においてのみ存立するものである一方で[58]、純粋な神的存在自体は非依存的、超越的なものとして、存在者を担いつつそれに対して現前している、ということである[59]。それゆえ有限的な存在者においては、神への関係がそれに付加されたものとして認識されるばかりではない。むしろ存在者それ自体はこの関係として存在するのであり、そうすることによって神を自らの根源、目的として現前化するのである。「善い」といった述語はそのため神をそれ自体において示すのであり[60]、ディオニュシオスの否定神学が主張するように、ただ神への関係のみを、あるいはたんに有限的完全性のそれ自体としては知られざる根拠としての神のみを示すだけではない[61]。原因がその結果において自らを表出するように、神の現実性と完全性は世界内の存在者の有限的完全性において自らを表出する[62]。それゆえ、人間の認識の絶対的根源への上昇は絶対的根源の存在者における（下降的な）自己表出からその原動力を得る。つまり、根拠の能動的現前は、人間の認識の上昇に先行し、これを根拠づけるのである。この事態は特にトマスの神証明の中に反映している。つまり、トマスにおいてすべての神の存在証明は、有限的、可変的存在者が原因から生み出されたものである、ということを証示し[63]、さらにそこから——有限的な完全性を増加させていくことによってそれを無限な完全性に向けて投射する、といったことを通してではなく——まさにこの実在的な因果性の関係を通して[64]、神に到達するのである。有限的存在者の神の完全性に向けての自己相対化は、神認識に道を拓く。それゆえ存在論的に言えばこの自己相対化は、原因から生み出されたものであるという存在者の在り方が存在者自身の側から反転的に遂行されるということにほかならない。アリストテレス的概念によって考えられた原因性、およびこの原因性にもとづく推論的な神証明は、有限的存在者が自らの内から自らの本質構造として開示する事態を、分節化し、展開するものであり、この事態は、プラトン的概念においては、存在者の内に常に生起しつつある善からの分与にもとづく善への分有、および善への自己超越の出来事として理解することができる[65]。

四　存在への思惟の自己超出

神認識は、認識される対象という側面においてはこの対象の有限的な本質から出発し、この本質によって開かれる展望の中で分有関係を無限の存在に向けて超出していくが、これと同様に認識する主体という側面においても、神認識の形式、特に人間的な抽象的概念と、判断形成における分割と複合の構造を克服していかなければならない[66]。このような悟性的構造は、認識される内容自体には入り込んではこない。[67] なぜなら、主語と述語から判断が構成されているからといって、それによって認識される対象も同様に複合されたものであると主張されているわけではないからである。むしろ、神の語りにおいては、経験に根拠づけられてはいるが、しかしあるがままの神の無限な存在を真の意味で言い当てるようななんらかの内容が[68]、有限的対象に適合した言語と思考の形式を通して表明される。それゆえ思考の形式は、（ヘーゲル［Georg Wilhelm Friedrich Hegel　一七七〇～一八三一年］の『精神現象学 Phänomenologie des Geistes』［一八〇七年］に見られるように）表示される内容を限定し、吸収するのではなく、むしろ（フィヒテ［Johann Gottlieb Fichte　一七六二～一八一四年］の『知識学 Wissenschaftslehre』［一八〇四年］と似たかたちで）思考の形式はそれが不完全にしか表出できないある内容に対して自らを相対化するのである。[69] つまり認識においては思念される事柄それ自体が、思考によって成立するのではなく、むしろ思考を生起させ、担う何ものかとして開示されるのであり、しかもこの認識は、言語と思考の働きに先行し、かつそれらに内在するかたちで、言語と思考の働きを本質的に支えているのであるからこそ、言語と思考の働きにおいて表明される内容と表明の仕方とのあいだの差異が保持されうるのである。[70] しかし、思考と言語のこのような悟性的構造は、神に帰属する根底的な存在論的規定に対する単純な知性的理解を妨げる危険がある。それゆえ、神の述語は、複合的、悟性的な規定性を含まなくなればなるほど、形式の面から見てもそれだけより適切なものとなる。[71] これに対し、それは神の現実と完全性をより多く主題化するほど、内容の面から見ても神にふさわしいものとなる。そのため、思考は存在者とともに、また存在者を通して存在、一性、真理、善性のような最も普遍的な根源的規定へ遡り、これらが表す第一の現実を、あらゆる実在を根拠づけるものとして発見する。そしてこれらの端的に普遍的な根本規定こそは、思考の構造から見ても神に最もふさわしいものである。なぜなら、これらの規定は思考によって構成されたものではなく、思考は、これらを予め与えられたものとして前提しつつ、いわば「名」を呼ぶようにしてこれらの規定を認識の内に表現することによって、その内容を通して根源的現実性を自己顕現するものとして主題化するからである。このような仕方で神は、第一真理(72)、または自存する善性(73)そのものと名づけることが可能となる。

このように、これらの最も普遍的な規定は(74)、同時に単純な「名」の性格を帯びているものであるが、トマスにとってはこれらの規定のなかで、「それ自らにおいて自存する存在」という概念、あるいは「在りて在る者」という聖書的な神の名が、まさにその無規定的な無制約性と内容的な密度にもとづき、最も適切なものである。というのは、純粋「存在」という名においては、思考が自らの悟性的規定性への反省を通してこの規定性の有限性を見通したうえで、可能な限り自らの悟性的能作を差し控えようとしているからである(75)。神理解においては、こうして(ギリシア的な)概念的思考と(ヘブライ的な)神の名の呼びかけとが一つになるのと同様に、また存在に対する無制約的で肯定的な承認が、あらゆる有限的な本質と思考の形式の完全な否定と一つになる(76)。トマス・アクィナスの高度に展開された哲学的・神学的思惟は、存在の純粋な完全性(77)へのこのような洞察の中に、その基礎と終極とをもっていると言えるであろう。

註

（1）Intellectus autem per prius apprehendit ipsum ens; et secundario apprehendit se intelligere ens: Thomas Aquinas, *Summa theologiae* (=*S. th.*) I q. 16 a. 4 ad 2.

（2）ens namque est obiectum intellectus primum, cum nihil sciri possit nisi secundum quod est ens actu: id., *De natura generis* c. 1, n. 475. veritas fundatur in esse rei: id., *In I Sent.* d. 19 q. 5 a. 1 sol.

（3）Nam ex quibus intellectus certitudinem accipit, videntur esse intelligibilia magis. Unde, cum certitudo scientiae per intellectum acquiratur ex causis, causarum cognitio maxime intellectualis esse videtur: id., *In XII Metaph.* prooemium.

（4）ergo est necesse ponere aliquam causam efficientem primam: quam omnes Deum nominant: id., *S. th.* I q. 2 a. 3 c. cum Deus sit causa efficiens, exemplaris et finalis omnium rerum: *ibid.*, I q. 44 a. 4 ad 4.

（5）Sed et Primam Philosophiam Philosophus determinat esse scientiam veritatis; non cuiuslibet, sed eius veritatis quae est origo omnis veritatis, scilicet quae pertinet ad primum principium essendi omnibus; unde et sua veritas est omnis veritatis principium; sic enim est dispositio rerum in veritate sicut in esse: id., *Summa contra Gentiles* I, 1, n. 5.

（6）特に id., *S. th.* I q. 13. 拙論「神認識の構造――トマス・アクィナスの神名論において」、拙著『中世における自由と超越』所収、創文社、一九八八年、五一二―五四三頁参照。

（7）impossibile est quod aliquis intellectus creatus per sua naturalia essentiam Dei videat: Thomas

Aquinas, *S. th.* I q. 12 a. 4 c.

(8) Dico ergo quod haec propositio, Deus est, ... quia nos non scimus de Deo quid est, non est nobis per se nota: *ibid.*, I q. 2 a. 1 c. Dato etiam quod quilibet intelligat hoc nomine Deus significari hoc quod dicitur, scilicet illud quo maius cogitari non potest; non tamen propter hoc sequitur quod intelligat id quod significatur per nomen, esse in rerum natura; sed in apprehensione intellectus tantum: *ibid.*, I q. 2 a. 1 ad 2.

(9) cognitio eius (scl. Dei) quae est per rationem naturalem, potest competere bonis et malis: *ibid.*, I q. 12 a. 12 ad 3.

(10) dicit Dionysius ... Sed quod significat processum alicuius rei, nihil significat ad eius essentiam pertinens. Ergo nomina dicta de Deo, non dicuntur de ipso substantialiter: *ibid.*, I q. 13 a. 2 arg. 2.

(11) Sed tamen haec nomina non imponit ad significandum ipsos processus, ut, cum dicitur Deus est vivens, sit sensus, ab eo procedit vita: *ibid.*, I q. 13 a. 2 ad 2.

(12) Alii vero dicunt quod haec nomina imposita sunt ad significandum habitudinem eius ad creata: ut, cum dicimus Deus est bonus, sit sensus, Deus est causa bonitatis in rebus: *ibid.*, I q. 13 a. 2 c.

(13) licet per revelationem gratiae in hac vita non cognoscamus de Deo quid est: *ibid.*, I q. 12 a. 13 ad 1; cf. *ibid.*, I q. 12 a. 12 c. Tunc enim solum Deum vere cognoscimus quando ipsum esse credimus supra omne id quod de Deo cogitari ab homine possibile est: eo quod naturalem hominis cognitionem divina substantia excedit: id., *Summa contra Gentiles* I, 4, n. 30.

(14) Sed quia sunt (scl. creaturae sensibiles) eius effectus a causa dependentes, ex eis in hoc perduci possumus, ut cognoscamus de Deo an est: id., *S. th.* I q. 12 a. 12 c. ratio ad formam simplicem pertingere non potest, ut sciat de ea quid est: potest tamen de ea cognoscere ut sciat an

est: *ibid.*, I q. 12 a. 12 ad 1.

(15) Quidam enim dixerunt quod haec omnia nomina, licet affirmative de Deo dicantur, tamen magis inventa sunt ad aliquid removendum a Deo, quam ad aliquid ponendum in ipso. Unde dicunt quod, cum dicimus Deum esse viventem, significamus quod Deus non hoc modo est, sicut res inanimatae: ... Et hoc posuit Rabbi Moyses: *ibid.*, I q. 13 a. 2 c. Cf. Moses Maimonides, *Dux Neutrorum* p. 1 c. 58.

(16) Dicit enim Damascenus: 'Oportet singulum eorum quae de Deo dicuntur, non quid est secundum substantiam significare, sed quid non est ostendere, aut habitudinem quandam, aut aliquid eorum quae assequuntur naturam vel operationem': Thomas Aquinas, *S. th.* I q. 13 a. 2 arg. 1. Cf. Johannes Damascenus, *De fide orthodoxa* 1, 9 (PG 94, 833).

(17) Et quia ratio quam significat nomen, est definitio, ut dicitur in IV *Metaphys.*, necesse est quod illud nomen per prius dicatur de eo quod ponitur in definitione aliorum, et per posterius de aliis, secundum ordinem quo appropinquant ad illud primum vel magis vel minus: Thomas Aquinas, *S. th.* I q. 13 a. 6 c.

(18) huiusmodi quidem nomina significant substantiam divinam, et praedicantur de Deo substantialiter ... praedicta nomina divinam substantiam significant: *ibid.*, I q. 13 a. 2 c.

(19) huiusmodi nomina non solum dicuntur de Deo causaliter, sed etiam essentialiter: *ibid.*, I q. 13 a. 6 c. Quantum igitur ad id quod significant huiusmodi nomina, proprie competunt Deo, et magis proprie quam ipsis creaturis, et per prius dicuntur de eo: *ibid.*, I q. 13 a. 3 c.

(20) Intellectus autem noster, cum cognoscat Deum ex creaturis, sic cognoscit ipsum, secundum quod creaturae ipsum repraesentant: *ibid.*, I q. 13 a. 2 c.

(21) ab homine puro Deus videri per essentiam non potest: *ibid.*, I q. 12 a. 11 c.

(22) naturalis nostra cognitio a sensu principium sumit: *ibid.*, I q. 12 a. 12 c.

(23) secundum ordinem quo appropinquant ad illud primum: *ibid.*, I q. 13 a. 6 c.

(24) indiget (scl. Deus) demonstrari per ea quae sunt magis nota quoad nos, et minus nota quoad naturam, scilicet per effectus: *ibid.*, I q. 2 a. 1 c.

(25) tantum se nostra naturalis cognitio extendere potest, inquantum manuduci potest per sensibilia: *ibid.*, I q. 12 a. 12 c.

(26) Cognitio enim contingit secundum quod cognitum est in cognoscente. Cognitum autem est in cognoscente, secundum modum cognoscentis. Unde cuiuslibet cognoscentis cognitio est secundum modum suae naturae: *ibid.*, I q. 12 a. 4 c.

(27) Quae quidem perfectiones in Deo praeexistunt unite et simpliciter: *ibid.*, I q. 13 a. 4 c; cf. *ibid.*, I q. 13 a. 4 ad 2 et 3.

(28) sequitur quod primum principium omnium rerum sit unum tantum secundum rem. nihil tamen prohibet in eo considerari multa secundum rationem: *ibid.*, I q. 44 a. 4 ad 4; cf. *ibid.*, I q. 13 a. 4 c.

(29) Quia igitur et Deus simplex est, et subsistens est, attribuimus ei et nomina abstracta, ad significandam simplicitatem eius; et nomina concreta, ad significandum subsistentiam et perfectionem ipsius: *ibid.*, I q. 13 a. 1 ad 2.

(30) Cf. *ibid.*, I q. 12 a. 12 c.

(31) Nec tamen est simpliciter dicendum quod sit alia potentia qua intellectus cognoscit necessaria, et alia qua cognoscit contingentia: quia utraque cognoscit secundum eandem rationem obiecti, scilicet secundum rationem entis et veri: *ibid.*, I q. 79 a. 9 ad 3.

(32) Haec autem duo, scilicet temporalia et aeterna, comparantur ad cognitionem nostram hoc modo, quod unum eorum est medium ad cognoscendum alterum. Nam secundum via inventionis, per res temporales in cognitionem devenimus aeternorum: *ibid.*, I q. 79 a. 9 c.

(33) Ratiocinari autem est procedere de uno intellecto ad aliud, ad veritatem intelligibilem cognoscendam. ... ratiocinari comparatur ad intelligere sicut moveri ad quiescere, vel acquirere ad habere: *ibid.*, I q. 79 a. 8 c.

(34) Cognitio enim quam per naturalem rationem habemus, duo requirit: scilicet, phantasmata ex sensibilibus accepta, et lumen naturale intelligibile, cuius virtute intelligibiles conceptiones ab eis abstrahimus: *ibid.*, I q. 12 a. 13 c.

(35) Videmus enim quod sensus est propter intellectum, et non e converso. Sensus etiam est quaedam deficiens participatio intellectus: unde secundum naturalem originem quodammodo est ab intellectu: *ibid.*, I q. 77 a. 7 c.

(36) Multo ergo magis per eandem potentiam intelligimus et ratiocinamur: *ibid.*, I q. 79 a. 8 c.

(37) ratiocinatio humana, secundum viam inquisitionis vel inventionis, procedit a quibusdam simpliciter intellectis, quae sunt prima principia; et rursus, in via iudicii, resolvendo redit ad prima principia, ad quae inventa examinat: *ibid.*, I q. 79 a. 8 c.

(38) cognoscitur (scl. Deus) a nobis ex creaturis, secundum habitudinem principii, et per modum excellentiae et remotionis: *ibid.*, I q. 13 a. 1 c.

(39) Cf. *ibid.*, I–II q. 51 a. 1 c. omnes aliae conceptiones intellectus accipiantur ex additione ad ens: id., *De veritate* q. 1 a. 1 c.

(40) creatio in creatura non sit nisi relatio quaedam ad Creatorem, ut ad principium sui esse: id., *S.*

th. I q. 45 a. 3 c. Relatio vero creaturae ad Deum est relatio realis: *ibid.*, I q. 45 a. 3 ad 1.

(41) prima omnium causa, excedens omnia sua causata: *ibid.*, I q. 12 a. 12 c.

(42) Cf. *ibid.*, I q. 13 a. 2 c. (註(20)参照)

(43) Dico ergo quod haec propositio, Deus est, quantum in se est, per se nota est: quia praedicatum est idem cum subiecto: Deus enim est suum esse: *ibid.*, I q. 2 a. 1 c.

(44) Unde quaelibet creatura intantum eum repraesentat, et est ei similis, inquantum perfectionem aliquam habet: *ibid.*, I q. 13 a. 2 c. essentiam Dei in hac vita cognoscere non possumus secundum quod in se est: sed cognoscimus eam secundum quod repraesentatur in perfectionibus creaturarum: *ibid.*, I q. 13 a. 2 ad 3.

(45) Et hoc modo illa quae sunt a Deo, assimilantur ei inquantum sunt entia, ut primo et universali principio totius esse: *ibid.*, I q. 4 a. 3 c. cognitio Dei per quamcumque similitudinem creatam: *ibid.*, I q. 12 a. 11 c.

(46) non tamen ita quod repraesentet eum sicut aliquid eiusdem speciei vel generis, sed sicut excellens principium, a cuius forma effectus deficiunt, cuius tamen aliqualem similitudinem effectus consequuntur: *ibid.*, I q. 13 a. 2 c.

(47) id quod bonitatem dicimus in creaturis, praeexistit in Deo et hoc quidem secundum modum altiorem: *ibid.*, I q. 13 a. 2 c. nihil potest esse in entibus quod non sit a Deo, qui est causa universalis totius esse: *ibid.*, I q. 45 a. 2 c.

(48) Quaedam vero nomina significant ipsas perfectiones absolute, absque hoc quod aliquis modus participandi claudatur in eorum significatione, ut ens, bonum, vivens, et huiusmodi: et talia proprie dicuntur de Deo: *ibid.*, I q. 13 a. 3 ad 1.

(49) … divina essentia, prout eius similitudo a diversis participari potest diversimode: *ibid.*, I q. 44 a. 3 c.

(50) similitudo creaturae ad Deum est imperfecta: *ibid.*, I q. 13 a. 5 ad 2.

(51) ordo creaturae ad Deum, ut ad principium et causam in qua praeexistunt excellenter omnes rerum perfectiones: *ibid.*, I q. 13 a. 5 c.

(52) Cum enim dicitur Deus est bonus, vel sapiens, non solum significatur, quod ipse sit causa sapientiae vel bonitatis, sed quod haec in eo eminentius praeexistunt: *ibid.*, I q. 13 a. 6 c.

(53) Invenitur enim in rebus aliquid magis et minus bonum, et verum, et nobile; … Sed magis et minus dicuntur de diversis secundum quod appropinquant diversimode ad aliquid quod maxime est: *ibid.*, I q. 2 a. 3 c.

(54) similitudo creaturae ad Deum … secundum analogiam tantum; prout scilicet Deus est ens per essentiam, et alia per participationem: *ibid.*, I q. 4 a. 3 ad 3.

(55) illa quae sunt a Deo, assimilantur ei inquantum sunt entia, ut primo et universali principio totius esse: *ibid.*, I q. 4 a. 1 c. Relinquitur ergo quod omnia alia a Deo non sint suum esse, sed participant esse: *ibid.*, I q. 44 a. 1 c. Deus est ipsum esse per se subsistens: *ibid.*

(56) Unde Deum esse, secundum quod non est per se notum quoad nos, demonstrabile est per effectus nobis notos: *ibid.*, I q. 2 a. 2 c.

(57) Deus est prima causa exemplaris omnium rerum: *ibid.*, I q. 44 a. 3 c.

(58) creatio passive accepta est in creatura, et est creatura: *ibid.*, I q. 45 a. 3 ad 2; cf. *ibid.*, I q. 8 a. 1 c.

(59) Cum autem Deus sit ipsum esse per suam essentiam, oportet quod esse creatum sit proprius

effectus eius; ... Hunc autem effectum causat Deus in rebus, non solum quando primo esse incipiunt, sed quandiu in esse conservantur; ... Quandiu igitur res habet esse, tandiu oportet quod Deus adsit ei, secundum modum quo esse habet. ... Unde oportet quod Deus sit in omnibus rebus, et intime: *ibid.*, I q. 8 a. 1 c.

(60) huiusmodi nomina non solum dicuntur de Deo causaliter, sed etiam essentialiter. ... quantum ad rem significatam per nomen, per prius dicuntur de Deo quam de creaturis: quia a Deo huiusmodi perfectiones in creaturas manant: *ibid.*, I q. 13 a. 6 c.

(61) Sed tamen haec nomina non imponit ad significandum ipsos processus, ... sed ad significandum ipsum rerum principium, prout in eo praeexistit vita, licet eminentiori modo quam intelligatur vel significetur: *ibid.*, I q. 13 a. 2 ad 2; cf. *ibid.*, I q. 13 a. 2 c.

(62) Sed quia (scl. creaturae sensibiles) sunt eius effectus a causa dependentes, ex eis in hoc perduci possumus, ut cognoscamus de Deo an est; et ut cognoscamus de ipso ea quae necesse est ei convenire secundum quod est prima omnium causa, excedens omnia sua causata. Unde cognoscimus de ipso habitudinem ipsius ad creaturas, quod scilicet omnium est causa, et differentiam creaturarum ab ipso, quod scilicet ipse non est aliquid eorum quae ab eo causantur; et quod haec non removentur ab eo propter eius defectum, sed quia superexcedit: *ibid.*, I q. 12 a. 12 c.

(63) Cf. *ibid.*, I q. 2 a. 3 c.

(64) Cf. *ibid.*, I q. 2 a. 2 c.

(65) Si enim aliquid invenitur in aliquo per participationem, necesse est quod causetur in ipso ab eo cui essentialiter convenit; ... Relinquitur ergo quod omnia alia a Deo non sint suum esse, sed

participant esse. Necesse est igitur omnia quae diversificantur secundum diversam participationem essendi, ut sint perfectius vel minus perfecte, causari ab uno primo ente, quod perfectissime est: *ibid.*, I q. 44 a. 1 c. ex hoc quod aliquid per participationem est ens, sequitur quod sit causatum ab alio: *ibid.*, I q. 44 a. 1 ad 1.

(66) nomina quae Deo attribuimus, hoc modo significant, secundum quod competit creaturis materialibus, quarum cognitio est nobis connaturalis: *ibid.*, I q. 13 a. 1 ad 2; cf. id., *In IX Metaph.* l. 9, n. 1898s.

(67) Intellectus autem noster eo modo apprehendit eas, secundum quod sunt in creaturis: et secundum quod apprehendit, ita significat per nomina. In nominibus igitur quae Deo attribuimus, est duo considerare, scilicet, perfectiones ipsas significatas, ut bonitatem, vitam, et huiusmodi; et modum significandi: id., *S. th.* I q. 13 a. 3 c.

(68) in significatione nominum, aliud est quandoque a quo imponitur nomen ad significandum, et id ad quod significandum nomen imponitur: *ibid.*, I q. 13 a. 2 ad 2.

(69) Quantum igitur ad id quod significant huiusmodi nomina, proprie competunt Deo ... Quantum vero ad modum significandi, non proprie dicuntur de Deo: habent enim modum significandi qui creaturis competit: *ibid.*, I q. 13 a. 3 c.

(70) non est verum quod intelligere sit nobilius quam esse: sed determinatur ab esse, immo sic esse eo est nobilius: id., *De veritate* q. 22 a. 6 ad 1.

(71) Intellectus autem noster non potest ipsam Dei essentiam cognoscere in statu viae, secundum quod in se est: sed quemcumque modum determinet circa id quod de Deo intelligit, deficit a modo quo Deus in se est. Et ideo, quando aliqua nomina sunt minus determinata, et magis communia et

absoluta, tanto magis proprie dicuntur de Deo a nobis: id., *S. th.* I q. 13 a. 11 c.

(72) visio patriae erit veritatis primae secundum quod in se est: *ibid.*, II-II q. 1 a. 2 ad 3.

(73) ipsa essentia bonitatis subsistens: id., *In De causis* l. 9, n. 210.

(74) 拙論「分有と存在理解——トマス・アクィナスの形而上学において」、前掲拙著、四八七—四九四頁参照。

(75) hoc nomen *Qui est* triplici ratione est maxime proprium nomen Dei. ... Quolibet enim alio nomine determinatur aliquis modus substantiae rei: sed hoc nomen *Qui est* nullum modum essendi determinat, sed se habet indeterminate ad omnes; et ideo nominat ipsum *pelagus substantiae infinitum*: Thomas Aquinas, *S. th.* I q. 13 a. 1 c. Cf. Johannes Damascenus, *De fide orthodoxa* 1, 9 (PG 94, 836).

(76) licet per relevationem gratiae in hac vita non cognoscamus de Deo quid est, et sic ei quasi ignoto coniungamur: Thomas Aquinas, *S. th.* I q. 12 a. 13 ad 1.

(77) ipsum esse est perfectissimum omnium: comparatur enim ad omnia ut actus. Nihil enim habet actualitatem, nisi inquantum est: unde ipsum esse est actualitas omnium rerum, et etiam ipsarum formarum: *ibid.*, I q. 4 a. 1 ad 3.

〔訳：矢玉俊彦〕

（初出：坂部恵・加藤尚武編『命題コレクション　哲学』筑摩書房、一九九〇年一一月
原題「神学のカテドラルの礎（トマス・アクィナス）」）

神の全能と人間の自由──オッカム理解の試み

一　オッカム解釈の問題点

中世の思想全体を見渡すとき、ウィリアム・オッカム（William of Ockham　一二八五頃～一三四七／四九年）ほど分析的、批判的、破壊的に哲学・神学の伝統と関わった思想家はおそらくほとんど見当たらないだろう。[1] 哲学的思弁によって複雑多岐に枝を延ばした神学の木は、こうした枝々が彼の剃刀にあって削ぎ落とされたのちには、まさに信仰と経験からの所与を保持するその根幹を辛うじて残すのみとなったかのように見える。このような批判的還元が、神論、倫理学、存在論、自然哲学、認識論へと等しく及ぶものであるとすれば、この批判がなんらかの全体的構想や普遍的指導理念に導かれたものであるのかどうかという問いが当然生じてくるであろう。このような指導的な根本理解が存在するならば、その元にはなんらかの根源的な思惟の動機があり、それはある積極性をもったものとして、あるいは少なくとも積極的な意図をもったものとして働いていると考えられる。なぜなら、批判的否定の力は、最終的にはそれ自体もはや批判的に疑うことができないような基本的確信を源泉とするものであるからである。そこで、この小論はオッカムの思惟の運動を担う中心的な道筋を見出そうと試みる。この試みはオッカムの思惟の正当性を示そうとするためのものではなく、それを理解しようとするものであるが、いずれにせよそのためにはオッカムの思想の構想の中になんらかの統一性を探求しなければならない。しかし、非体系的でしばしば無秩序にさえ思われる論証の羅列の中にこのような統一性が成立しているのかということは、テクストの厳密な分析を通してのみ確認できることであろう。(2)

二　神の二重の能力

キリスト教的思惟が究極的な問題に関わるものであるときおそらく常にそうであるのと同様に、フランシスコ会士オッカムにとっても問題の核心は、神と世界の関係の規定に、ゆえにまた絶対者と有限者、信仰と理性、救済と自然の関係の規定にある。オッカムは自らの思惟の自由な合理性を本意としながら、常にその思惟を教会と、教皇の権威によって保証された信仰の教えの定める範囲内に押し留めようとしていた。(3) その際に彼がその思惟の出発点として選んだのは、神は全能である、という命題であった。この命題は、彼にとっては哲学的には証明不可能であるが、キリスト教の信条によって確証されたものとして妥当するものであった。(4) 全能が意味するのは、神の働きの可能性が現に事実的に存在している世界をこのように在らしめているということに尽きるものではない、という意味での、可能な世界への関係における神自身の内的な規定である。全能は世界に先行するその根拠であるから、それはすでに現存している世界秩序の内に介入する可能性に限られるのではない。むしろ全能に対しては、現存の世界の全体が非必然的、偶存的なものとして示される。[5] なぜなら、神の本質を成す絶対性は、いかなる有限的存在においても十全に反映し尽くされることができないからである。しかし、事実的な世界が神の能力の一つの可能な実現にすぎないとすれば、事実的な世界の本質秩序の全体は仮定的に、つまり神のなんらかの自由な決断を前提としてのみ必然的なのである。[6] それゆえ、事実的な世界の本質秩序は、それ自体においては絶対的なものではなく、不変のものでも、規範性をもつものでもなく、むしろそっくり神の自由に依存するものとしてそこへと還元されるのである。また、神の自由も信仰命題であり、哲学的には、蓋然的論証による説得的議論がありうるとしても、厳密な証明は不可能なものである。[7] したがって、神の自由な能力以外に神と被造物のあいだの断絶を架橋するものは存在しない。古典的な形而上学は、有限者の本質における無限者への類似性の諸段階を強調し、分有概念から出発するが、神の自由な能力がこのようにして神と世界との関係を理解するための中心概念になるときに、形而上学は自由をめぐる思惟に取って代わられる。そしてこの自由概念によって、神が自らの創造したあらゆる事実に対し超越したものであり、それ自身はまったく測り知れないものであるという事態に注意が促されるのである。

さて、世界の中で生じる現象のもつ具体的に規定された法則と規範は、神がこの事実的に現存する世界を選ぶ決断を行った限りで、成立している。このような現存する法則性に一致し、その枠組みに自らを適合させている神の行為可能性は、オッカムにとって「秩序づけられた能力（potentia ordinata）」に属するものである。しかし神は、すでに事実的に現存している世界へと関係する自身の自由な意志に先行し、独立して、純粋にそれ自身から働くことができるのであり、この行為可能性は神の「絶対的能力（potentia absoluta）」にもとづく。この行為可能性は、まさに神が全能であるがゆえに、矛盾を含まないすべての事柄に及ぶのである。(8) それゆえ、この二重の能力は二つの切り離された別の秩序において働くのではない。(9) むしろ、神においてあるのは結局はその絶対的能力のみなのであるが、世界において現れるのは神の秩序づけられた能力の方なのである。神の絶対的能力は神の秩序づけられた能力の根源であり基盤であるのに対して、神の秩序づけられた能力は神の絶対的能力の偶存的な具体化である。つまり、神の秩序づけられた能力は第一義的には神の本質の表現ではなく、神の自由な意志の表現である。こうして、一方において現存の世界秩序は、そこに内在する神聖性のあらゆる外観を剝ぎ取られ、自由によって措定された事実にすぎないと宣告されるのである。しかし他方においては、この有限的事実性そのものが、神の意志の絶対的権威に直接基礎づけられることになる。このようにして有限的事実性は、それが言葉や人間的行為という在り方において意義の担い手として現れ、また——たとえばキリストにおけるように——神の意志によって予定されているとき、(10) その意義と根拠をその背後にさらに還元することができないような、神の摂理の啓示とその現前となりうるのである。このようにして、一方においては世界内的なものに具わる有限的な意義には無制約的な規範性が認められなくなるが、他方において事実的な世界は規範を開示する啓示の素材、場となる可能性をもつのである。

事実的な世界の秩序は、それが神の自由な決断に依存する妥当性しかもたないのであれば、世界に対する神の自由な支配を拘束するものではない。それゆえ、世界の中で第二原因によって引き起こされうるものすべては、また神自身によって直接に、被造物の働きなしに生じさせられうる[11]。なぜなら、神が被造物に原因性を付与するとしても、そのことで神がこの因果性によって拘束されるということにはならないからである[12]。総じて、オッカムがよく言うように「神は誰に対しても負い目はない」。つまり、神は自身の自由の外部にあるような世界の方から、あるいは自身の以前の決断によって、なんらかの義務を負うということはない[13]。それゆえ、神の絶対的能力はまた将来の決定に関しても制限を受けることはない。つまり、世界内で時間的な前後によって区別される事柄は、神の自由にとっても相互に必然的には連関しないものとして存在していると考えなければならないのである。それゆえ、世界内の諸々の出来事の時間的な前後構造に対応して神においても神の行う外への働きかけが分節されていることから、時間性は本質的に連続的な連関としてではなく、ばらばらな各時点ないし行為可能性から集積された連続性として理解されるべきものとなる。そのため、神が以前に下した決定は、のちの事柄についての決定を制限しない[14]。

神の自由に具わるこの無拘束性のもつ意味が殊に先鋭化するのは、この世に生きる人間にとって本質的に将来的である事柄において、つまり終末論的な救いにおいてである。オッカムにとってもまた人間の自然本性的な存在は永遠の至福への願望へと方向づけられたものである。そして、この永遠の至福は信仰が教えるように、ただ神自身との一致においてのみ到達されうる。[15] しかし、有限者の本質秩序のすべては、有限者がこれまでのあいだそのような在り方に従って存在してきたというたんなる事実であり、神の秩序づけられた能力がそのあいだ一時的に決定したものであるということにすぎないものである以上、いかなる有限者もけっして将来における神の働きを強制したり、導いたりすることはできない。それゆえ、人間の幸福への問いは、人間やその世界の側から先取りして解決することができないものなのである。しかし、人間はまさにこの事実から自身が自由な神の救済行為に常に新たに依存していることを自覚し、自由に采配する神の意志に対して常に新たに自己を直接開くようになる。非連続的な時間性は、神のこのような完全な無拘束性を図式化するものであるが、神のこの完全な無拘束性によってこそ、神の憐れみと愛を特徴づける無底性と、いかなる必然性の制約も受けない無償の贈与としての性格が明らかになるのである。[16]

三　意志と倫理

一見したところ、神の二重の能力の説はたんに世界内的秩序の絶対化に対する存在論的な留保にすぎないかのように思える。しかし今見てきたように、この説の孕む威力が明らかになるのは、救済論的・終末論的な次元においてである。つまり、過去と現在のすべての事柄は神の秩序づけられた能力にのみもとづいているが、神の秩序づけられた能力はいかなる時においても神の絶対的能力によって乗り超えられうる。それゆえ人間存在の将来における完成は、神の自由な裁断に委ねられたものであり続けるのである。したがって、倫理学が人間存在の完成を主題とするものである以上、それはこのような神の絶対的能力の説によって根底的な変形を被り、新たな位置づけを得ることになるのである。[17]

倫理学は、人間の正しい意志行為についての学としては、オッカムにとっても認識された倫理的善への意志の関わりという観点から、まず自然本性的な段階において展開することが可能である。しかし、倫理的善とは人間存在の使命の実現のことであり、あるいは人間存在の完成への道のことであると見なされるならば、そこから人間的行為と人間の救いとの結び付きについての問いが提起されてくる。つまり、人間的な働きは存在論的に見て有限的なものであるが、キリスト教的に語るならば救いは、無限の神との至福なる一致にこそ存するものであるから、キリスト教的な、つまり神へと関係づけられた倫理においては、有限者と無限者のこの乖離にもとづいて人間的な行為の力の限界が示され、問題となるのである。こうして、倫理学は自らを乗り超えて神学的な救済論へと移行していく。そしてそのうえで、この神学的救済論の枠内で二次的に神の救いの業（わざ）にとって人間の倫理的行為がもちうる意味への問いを改めて問うことが課題となるのである。

神を被造物に対して現前化することがいかなる有限的なものによっても不可能であり、それはただ神自身の自由な意志によってのみ可能であるならば、救いは被造物からの条件づけも媒介も不可能な、神の自由にもとづく贈与なのである。こうして、神が直接に、また純粋の恩寵から自身を人間に関係づけ、あるいはそのように人間を受け入れることが[18]、至福の根拠となる。それゆえ、事実的な救済の秩序においては大罪からの自由、被造的恩寵、愛の行為などが救いのために必要とされるとしても、この必要性の基礎にあるのは神の秩序づけられた能力によって確定された実定的な掟であって、なんらかの本質的な必然性ではない。なぜなら、神はこのような有限的な前提条件や媒介をまったく欠いていたとしても、その絶対的能力にもとづいて救いを授けることができるからである[19]。恩寵を受けていないある人間に至福を与えること、愛によって行われた行為を受け入れるのを拒むこと[20]、さらには神を愛するある人間に永劫の罰を下し、また存在を取り去ること[21]、二人の完全に同様の人間のうち一人を受け入れ、もう一人を捨てること[22]、先に罪の赦しを与えることなく恩寵を授けることな[23]どを、神は行うことができる。なぜなら、永遠の命のためにはいかなる被造的な形相も性質も存在論的に必然的なものではなく[24]、またそれと同様にいかなる人間的行為も、それ自体の在り方のみによって永遠の命に値するものとなることはできないからである。神の絶対的能力は、このような背景のもとでは、理論的にのみ可能だが事実的には非現実的な、無視しても構わないような可能性などではなくなる。むしろ、神の絶対的能力は救いの中心的本質の基盤として、現存の救済の秩序においていくら人間の内における愛と恩寵による媒介が存在しようともそれとは関係なく貫徹しているものだということが、この背景のもとにおいて明らかとなる。なぜなら、常に救いは自由な憐れみによって与えられる、本質的に功績や功徳によらない贈与であり続けるからである。それゆえ、被造的な恩寵のハビトゥス（習態）が救いにとって絶対的に必要なものではないというオッカムの説を、自然本性主義、ないし半ペラギウス主義として解釈するならば、彼の意図を転倒させてしまうことになろう。[25] なぜならオッカムにとっては、被造的恩寵のハビトゥスないし形相があろうとなかろうと、人間が救いに達するのはただ神が自由に、そして純粋な恵みとして人間の働きを受け入れることのみによるからである。

神はその絶対的能力にもとづいて、救済の実現において自由に人間との対話的関係に入っていき、また憐み深く人間の行為を受け入れるように自身を開いた。つまり、人間が救済の出来事に能動的に参与することを受け入れたのである。神がこのようにして人間の側からの働きを認めるとき、神の側からの受け入れが第一義的に関わるのは、神によって注入されるいかなるハビトゥスに対してよりもむしろ人間の自由な行為そのものに対してである。なぜなら、そのようなハビトゥスは人間に対して神が与える贈与であって、本来神の側からの受け入れの対象ではないのに対して、自由な行為は、確かに神の共働なしにはありえないとしても、やはりそれ自体として人間が自分自身で成し遂げるものであり、それゆえに神に向かって人間がなしうることであるからである。[26] したがって、神の側からもそうであるのと同様、人間の側からもまた救いは自由な働きにおいて成立する。自由によらない事実的存在に対する自由な働きの優越性は、救済の出来事に、厳密に相互主体的で対話的な出来事としての性格、つまりいかなる他の有限者によって媒介も阻害もされない、二つの自由な人格のあいだの出会いとしての性格を与える。そのため、自由にもとづいて行われた人間の外的な倫理的行為、たとえば喜捨は、人間の意志の働きのもつ倫理的価値にもとづいてただ外的にのみ倫理的に善いものであると特徴づけられるのであって、行為自体の実質的内容と結果に即しては功徳と救いに関して意味のないものである。[27]というのは、神はこうした結果を、人間の自由意志とは関係なしにも直接引き起こすことができるであろうからである。

確かに人間が自由であるとしても、神と人間のあいだの救いの対話の発端は、純粋に神からのものである。つまりこの対話は、神によって受け入れられる行為が、神の命令に対する従順にもとづいて人間が行うあの自由な行為のみである、という意味において、純粋に神から開始されるものである。人間が神を自己自身の自由意志の働きの根源として認めるのは、従順においてのみだからである。それゆえ、救いのために意味のある、功徳ある人間の行為は、本質的には神への愛においてあるのではない。なぜなら、愛が従順を欠くとすれば、このような愛は自発的欲求でしかないもの、あるいは人間の側で成立した充足にもとづいて自己本位的に神に対して提供されるものでしかないからである。このような愛が純化されるためには、人間が自分の貧しさを承認することが必要である。[28]つまり、そのためには被造物である自分の有限的な主観性の全体が、絶対的な従順によって自分を空しくすることが必要なのである。愛に対する従順の優位は、神が自身を憎むように命じることさえでき、[29]またこの命令に従う行為は倫理的に正しく、功徳あるものである、という命題において要約されている。

このようにして、救いの出来事の場面からは有限的な存在、所有、欲求の働きがもつ自立的な力がすべて排除される。それにもかかわらず、人間の自由な主体性は完全に保たれる。つまり、自由な意志は理性的に認識されたものにのみ向かうことができるのであるから、現在の倫理的秩序の中での倫理的に善い行為の遂行は、神の意志に対する従順にもとづくものであるとも、また正しく判断する理性（ratio recta）との一致にもとづくものであるとも定義される。[30] 神は秩序づけられた能力の次元においては、人間が倫理的善性を理性的に認識することを、功徳ある行為のための制約、規範として是認しており、そうすることによって人間の自然本性的な次元における善さと自然本性的な欲求を、救いに関して意味をもつ倫理的な働きの領域の中にその質料、素材として包含しているのである。とはいえ、もちろん自由な行為が功徳あるものであるという性格を有するのは、この行為のもつ自然本性の次元における善さにもとづいてではなく、神の命ずる掟に対する従順とこの従順の神による自由な受け入れにもとづいてであることに変わりはない。

それゆえ、神が自身の秩序づけられた能力において、善への意志に対して倫理的な意味を認め、またこの倫理的意味が救いのための条件として機能しうるということの根拠は、この善への意志が、自由な決断にもとづいて神が意志に対して課す当為[31]（debitum）への自由な応答であるという点にあるのである。こうして倫理学の基礎づけにおいて、神の意志から発する当為が、古典的倫理学において善が占めていた中心的位置を善に代わって占めることになる。善の超越論的概念は、ドゥンス・スコトゥス（Johannes Duns Scotus　一二六五／六六～一三〇八年）の一義性説によって最小概念へと薄められ、オッカムによって抽象による構成物、[32]またはたんなる概念内容にすぎないものとされてしまった結果、その存在論的意義とともに倫理的行為を構成することができるような当為性格を根拠づける力をも失ったのである。そのため人間の自由は、もはや無制約的な愛に値する目的に向けて内側から開かれたものではなくなるのであり、それは外側から拘束されるもの、つまり神の絶対的な命令によってある行為を行うべきであるという義務を負うものとなるのである。[33]このような行為は、結局のところは被造物が神が自由な主であるということを受け入れる従順以外なんらの意味ももたない。だが、神が人間に対して課す義務は、神が人間の意志能力の創造者であり、また究極目標としての神に向けての意志の方向づけの創造者である以上、神によってまったく任意にどのようなものとしても定められうる。これに対応して人間も、神の自由な決定に服することができるように、自身の固有本性において無規定的でなければならない。つまり、人間は現実には自然本性的に規定されたさまざまの欲求を持つとしても、無制約的な意義との関係においてはいかなる規定をも受容しうるものでなければならない。オッカムは、たとえばトマス・アクィナス（Thomas Aquinas　一二二五～七四年）とは違って、倫理的な善悪に対して中立的な自由な意志の働きが可能であるとしたのであり、その限りで意志はその本質の構成に関しても善との対応関係から引き離されている。自然本性的な媒介構造がこのようにして除去されることによって、[34]人間の有限的で事実的な存在と神の絶対的な権利とが両極として対置され、その結果この両極は絶対的な命令、ないしは当為という無媒介の緊張関係の中で互いに出会うことになる。そしてこの緊張関係の中から自由な従順と神によるその受け入れが可能とされ、それによってこの緊張関係自体が止揚され、両極は被造的な自由と絶対的自由の一致において協調するに至るのである。

こうして存在と当為が、また理論哲学と実践哲学とが分裂するが、この分裂は実践の優位性を基盤とするものである。しかし、さらにこの実践の優位性は、神の絶対的な偉大さ、絶対的能力ということにもとづいて神学的に基礎づけられたものであり、実践が優位に置かれる目標は、神の絶対的な偉大さに仕えるという仕方でそれを実践的に受け入れることにあるのである。善、あるいは有限的意志の存在構成の方から当為概念を基礎づけるあらゆる可能性を否認することによって、オッカムは当為を意志自身による必然的立法に還元するカント(Immanuel Kant 一七二四～一八〇四年)と比べてもさらに徹底的に、あらゆる相対性や有限性から純化された絶対的な倫理的実践の固有の領域を構想したが、ただし彼においてそれは神学的に確保されるものであった。

神の絶対的な支配権の表現である純粋な当為は、人間の側においてやはり純粋な意志行為を呼び起こす。確かに、オッカムにとっても意志の力はハビトゥスによって[35]、また原罪によって影響を受ける。しかし、意志のこのような経験的、心理的な被制約性は、意志が純粋にそれ自体として意志であるゆえんの意志の根本性格の核心に触れるものではない。意志のこの根源的性格は本質的な点においては罪によって弱められることも、被造的恩寵によって強められることもありえない。なぜなら、意志は、自身が恩寵の助力のもとでなしうるどんな行為であれ、恩寵なしに行うことができるからである。すでにドゥンス・スコトゥスが自然的な働きと自由な働きを徹底的な仕方で対立させたときにそこに至る道が準備されていたのであるが、オッカムはこのようにして経験的な意志能力と超越論的な自由——ないしより適切に表現すれば、超越者へと関係づけられた自由——とを鋭く分離する。しかし彼は、そこからさらにこの両者の連関を人間の行う一つの意志行為として明らかにすることはなかった。

人間の純粋な自由が自然本性から区別されることによって、人間の純粋な自由が演繹的に証明されること、つまり存在論的な根拠から再構成されることは不可能となる。むしろ、人間の純粋な自由は内的経験において直接に現前しているのである。[36] つまり、対立する諸可能性のなかから何かを決定することができ、また行為することもしないこともできるという能力は、ある根源的な事実なのである。確かに、意志には充足し休らうという目的への方向づけが具わっているということが、自由というこの根源的事実の前提となってはいるものの、だからといって自由は善あるいは幸福といったなんらかのア・プリオリな地平によって制約されることはない。なぜなら、意志は理性の理解なしに働くことはできないにもかかわらず、この理性の理解に反対の決定を行うことができる[37]というところから、意志には純粋な善に反対する決定を行うことも、[38] また現実に善いものではないしかつ理解においても善であると考えられていないようななんらかの悪を選ぶこともできるのであり、さらに自己自身の幸福を排斥することばかりか、[39]神の直視においてさえ満足せずにそこから背を向けることすらもできるのである。[40]要するに、意志は他者に対して拒みうることであれば、自分自身に対しても拒絶することができるのであり、[41]さらには直接的な矛盾を含まない限りいかなる決定をも下すことができるのである。それゆえ、自由な意志は善によって規定されているのではない。むしろ、一般的な意味で善であるということは、意志が意欲することができ、あるいは現実に意欲しているということによって、意志の方から規定される。[42]そのため、善は目的因として愛を呼び起こすのではなく、それが精神に提示される限りで意図の実現を導くにすぎない。それゆえ、善は意志の自己規定の契機となるが、意志は自体的な善を愛において肯定する能力から、中立的な作用因的産出能力へと変化することになる。このような能力は、対象との関係の在り方によって、つまり同様の状況のもとで相互に対立する働きのどれであれ引き起こすことができるような能力として定義されるのである。[43]そして、以上のような諸命題のすべては、自由な意志を外的、内的な自然本性的拘束や、制限を課す超越論的な可能性の制約のすべてから解き放つことによって、まさにこのような無規定性と自己支配において、意志をして、自身の根源であり主である神の要求に直面せしめることを意図するものなのである。

人間の自由に対する神の要求は、その絶対性が有限的存在の事実性によって曇らされるべきではないとすれば、人間の自然本性によって媒介されることは不可能である。ゆえにその要求は実定的で可変的な掟にとどまる。このようにして倫理的義務の自然本性化が妨げられる結果、当為の要求に応えることへの拒絶としての罪、およびその結果としての罪責が意志の働きの内的な実在的規定となることは——現実的規定としても欠如的規定としても——不可能となり[44]、罪および罪責は、事実的な意志の行為の実定的な神の掟に対する対立と、この対立から帰結する処罰相当性にのみもとづくものとなる[45]。それゆえ、当為と同様に倫理的な善性、功徳、また罪、罪責、処罰相当性も、意志の有限的存在の内的規定ではなく、それらは、それ以上さらに存在論的に根拠づけることができない絶対的妥当性の次元において、つまり神の自由な意志への被造物の関係において構成される。それゆえ、その実質においては同一のものである人間的行為が、神によって命じられるときには功徳あるものとなり、禁じられるときには罪に当たるものとなることが可能なのである。それはちょうど、神が現に成立している倫理的秩序においては罪に当たるどんな行為であっても、人間とは別に自ら単独で行うことができるし、また人間がそのような行為を行っているときには彼に対する存在付与の働きを通して実際にこの行為のために人間と共働しているということと平行している。ただし、神はそれによって自ら悪を行っているわけではない。なぜなら、義務の拘束下にあるのは被造物の意志だけであり、「神は誰に対しても負い目はない」のであって、むしろ神が行うことはなんであれ、この行為の実質的内容についてのあらゆる問いに関係なく、このような問いに先立って、神が行ったということそれ自体によって正しいからである[46]。

オッカムが自由な意志をこのように規定することによって言おうとしているのは、まさに人間の自由な意志の自立性は自由な意志が自律的に自己自身において成立しているということを意味するものではなく、むしろその自立性において人間の自由な意志は、義務を課せられ、奉仕する意志として、直接に、そして全面的に神自身に向けて自己を超出していくのだ、ということである。この超出は、このような直接性と全面性のゆえに意志に内在的な関係や存在論的な志向性に属する概念によってはもはや充分に把握することができない。それゆえ、自由な決断が、服従あるいは拒絶において純粋に神の意志それ自体の中に跳ね返っていくものであるならば、この行為の結果もまた、もはや意志の内的な完成、あるいは欠如的欠陥として理解できるものではなく、神によってやはり同様に自由に与えられる報償、あるいは罰としてのみ理解しうるものなのである。それゆえ、神は前もって人間の意志行為において恩寵ないしハビトゥスの注入によってなにかを変化させておかずとも、罪を赦し、罰を許すことができ、さらには至福を授けることができるのである。なぜなら、罪責と処罰相当性が成立するのは人間的心理の外部においてであって、その基盤は、創造によって構成された神と被造物のあいだの根本的断絶に存するからである。

四　事実と本質

以上のように展開されたオッカムの実践哲学ないし実践の神学の基本線は、それ自体は全能の憐れみ深い神の世界への関係を表現するものであるが、神学的、倫理的領域にあるその起源を超え出て、普遍的な存在論的構造へと形式化することができる。そして、オッカムの世界内的存在者とその認識の存在論を動かしている基本動機もやはり、この形式化によって発見される同一の普遍的構造を映し出していることがわかる。それで、存在論のこの基本動機もまた、その意味づけと根拠づけが神学的、実践的な場においてのみ可能であると考えられうる限りで、自らの起源としてこの神学的、実践的な場を指し示しているのである。他方、この基本動機が存在論的、認識論的な領域において働くときには、思弁的証明や説明の試みを切り崩していく方向に向かうため、第一義的には形式的で、否定的な機能を果たすにすぎない。しかし、このような根本動機に従って展開された、世界内的存在者とその認識の構造は、先に展開された根源的に神学的、実践的な事態の可能根拠、および表現であることにおいて最終的意義をもつであろう。

世界に対する神の関係が諸々の還元不可能な自由の決断から組み上げられており、また自由な決断が本質的にそのたびごとに一回的なものであるならば、その結果まず一回性と個別性が思惟にとって基本的な所与、そして課題となる[47]。存在者が神の自由の働きの結果、あるいは現れとして還元不可能な仕方で個別的であり、そのため神の認識はただ個体のみを主題化するものである以上、諸本質の普遍性は二次的に抽象によって生じたものとなるのである。さらに存在自体が、実体としてのみならず、事物の性質においてさえ本質的に個別的であるということは、普遍的述語を個別化する、判断における「である」の役割の中に反映している[48]。

普遍的本質、そして矛盾律を超える実質的な諸法則の支配を斥けるにあたってオッカムが批判しようとしたのは、神の自由な措定によらない形而上学的必然性を想定する立場である。ただし、オッカムは形相や本質の存立を否定しているわけではない。つまり、彼はけっして存在論的混沌を要請しているわけではないのである。むしろ彼は形相や本質の実現を、神の絶対的な能力による自由な設定へと全面的に還元する。しかし、前述のような本質の必然性が存在者の事実性にもとづいて想定されるのではなく、したがって人間の思考の中で想定されるものにすぎないということになれば、論理的思考法則は――言語によって構成されたものとしてではないとしても――本質的に言語を自らの場とするものとして理解され、しかも論理的思考法則は言葉によって指し示される存在者において基礎づけられるものではない以上、本質の必然性の想定は破壊されることになるのである[49]。

古典的形而上学においては、存在者はその本質を通して存在者の全体性の中に組み入れられ、他の存在者へ目的因的に関係づけられていた。しかし、存在者が根本的に自由の対象として把握されるとき、全体としての本質秩序はその必然性と規範性とを失ってしまう。こうして意味の連関性は根拠づけの力を奪われ、それゆえ目的因性は少なくとも明示しうるものとしては意識的で自由な行いの領域に制限される。つまり、諸存在者はもはや本質と意味の連関によって全体の中で、そして相互関係において存立しているのではなく、作用因性にもとづく実在的依存性によってのみ互いに関わり合うことになる[50]。あるいはまた、包括的で持続的な本質秩序の解消によって存在者の同一性は諸事実の時間的な継起の、予期しがたい多数性の内に拡散し始める。このようにして形而上学的認識の領域が大幅に切り詰められるこ

とに応じて、直接的直観と経験が優越した認識源泉として現れてくることになるわけである。(51)

有限的存在者がその内在的意味において空虚化され、そのために善が意志対象の存在にすぎないものとして還元されるならば、惰性的な、物質化された対象に対する活動的主体の支配的地位が浮かび上がってくる。経験の役割が強調されているにもかかわらず、根本的には、対象自体が主体に対して自らを伝える可能性は失われてしまう。むしろ、対象は主体の把捉に対して無防備に、じかに晒されているのである。主体の直接的な能力、それはその働きにおいていかなる有限的な媒介も必要としない(52)神の絶対的能力の反映なのであるが、それは存在者における美と善の輝きを消し去るだけではなく、理論的認識においてさえ認識形象(species)を通しての精神における存在者の自己表出を許さない。(53)むしろ存在者は精神が行う認識による把捉に対してじかに投げ与えられている。それはちょうど、神において被造物のイデアが被造物自身と異なる現実性をもっていないのと同様である。絶対的な直接性を示す能力と絶対的な距離に由来する自由は、精神の存在者への関わりを純粋な主体・客体関係として構成する。存在者には、自らの事実性の主張以外には、主体へのこのような服属に対抗するいかなる可能性もない。そのため、主体の権利と能力に対してもつ唯一の否定的規範は矛盾律のみなのである。しかし、主体が対象の規定にどれだけ立ち入って捉え、自分のものとするかは、主体に委ねられている。それはちょうど、神が人間のどの行為を善とし、功徳あるものとして見るかということが神の自由な受け入れに委ねられているのと同様である。

ここに試みられた、オッカムの思想的意図、およびそこから予想される帰結の分析が当を得たものであり、またこの帰結が近代的思惟の根本構造を準備するものであるとすれば、近代的な主体・客体分裂とそこに内包された存在論および主観性理解を実りある仕方で問題にしようとするに際しては、オッカムにとって彼の思惟の原理を成したかの根源的関係、つまり神と人間との関係、およびそこに含まれる全能と恩寵の、有限的な本質と人間的自由との関係を、新たに考察することが必要であろう。

註

（1）J. P. Beckmann, Ontologisches Prinzip oder methodologische Maxime? Ockham und der Ökonomiegedanke einst und jetzt, in: W. Vossenkuhl und R. Schönberger (Hgg.), *Die Gegenwart Ockhams*, Weinheim 1990, S. 191–207; J. Miethke, *Ockhams Weg zur Sozialphilosophie*, Berlin 1969, S. 238–244.

（2）In short, the textual picture is chaotic, and there is no obvious strategy for explaining it away: M. McCord Adams, *William Ockham*, Notre Dame, (Ind.) 1987, S. 1255.

（3）nolim propter dictum cuiuslibet de plebe meum intellectum captivare et contra dictamen rationis aliquid affirmare, nisi romana ecclesia doceat hoc esse tenendum, quia maior est ecclesiae romanae auctoritas quam tota ingenii humani capacitas: *De sacramento altaris* c. 36. Cf. E. Iserloh, *Gnade und Eucharistie in der philosophischen Theologie des Wilhelm von Ockham. Ihre Bedeutung für die Ursachen der Reformation*, Wiesbaden 1956, S. XXII, 203f., 239.

(4) Et ad probandum fundo me in illo articulo fidei: “Credo in Deum Patrem omnipotentem”. Ex quo articulo accipio istam propositionem ‘quidquid Deus producit mediantibus causis secundis, potest immediate sine illis producere et conservare’: *Quodl.* IV q. 22 (*OTh* IX, 404). dico quod non potest demonstrari quod Deus sit omnipotens, sed sola fide tenetur: *ibid.*, I q. 1 (*OTh* IX, 11).

(5) J. Miethke, *op. cit.*, S. 156, 163.

(6) dico quod non potest ratione naturali probari quod Deus est causa rerum contingenter agens: *Ord.* I d. 43 q. 1 (*OTh* IV, 636).

(7) Ideo quod Deus sit causa libera respectu omnium, tenendum est tanquam creditum, quia non potest demonstrari per aliquam rationem ad quam non responderet unus infidelis. Persuaderi tamen potest sic: *Reportatio* II q. 3–4 (*OTh* V, 55).

(8) Omnipotens tamen potest efficere omne factibile quod non includit contradictionem: *Ord.* I d. 20 q. un. (*OTh* IV, 36). Secundum potest persuaderi: quia de nullo absoluto realiter distincto ab alio absoluto debet negari quin possit fieri sine eo per divinam potentiam absolutam nisi appareat evidens contradictio: *ibid.*, I prologus q. 1 (*OTh* I, 59).

(9) Sed est sic intelligenda quod ‘posse aliquid’ quandoque accipitur secundum leges ordinatas et institutas a Deo, et illa dicitur Deus posse facere de potentia ordinata. Aliter accipitur ‘posse’ pro posse facere omne illud quod non includit contradictionem fieri, sive Deus ordinaverit se hoc facturum sive non: *Quodl.* VI q. 1 (*OTh* IX, 586). Cf. Kl. Bannach, *Die Lehre von der doppelten Macht Gottes bei Wilhelm von Ockham. Problemgeschichtliche Voraussetzungen und Bedeutung*, Wiesbaden 1975; T. Rudavsky (ed.), *Divine Omniscience and Omnipotence in Medieval Philosophy.*

Islamic, Jewish and Christian Perspectives, Dordrecht 1985; L. Moonan, *Divine Power. The Medieval Power Distinction up to its Adoption by Albert, Bonaventure, and Aquinas*, Oxford 1994.

(10) omnes propositiones in ista materia sunt contingentes: *Tractatus de praedestinatione et de praescientia Dei respectu futurorum contingentium* q. 1 (*OPh* II, 514). actus voluntatis divinae non impeditur per actum voluntatis creatae nisi stante ordinatione divina eveniret oppositum per aliam voluntatem: *ibid.* (*OPh* II, 510).

(11) Cf. *Quodl.* I q. 1 (*OTh* IX, 11).（註（4）参照）

(12) licet Deus agat mediantibus causis secundis vel magis cum eis, non dicitur Deus mediate agere, nec secundae causae frustra, cum sit agens voluntarium, non necessarium. Et si esset agens necessarium, adhuc ageret immediate: *Reportatio* II q. 3–4 (*OTh* V, 72); cf. *Quodl.* VI q. 6 (*OTh* IX, 604–605).

(13) Deus nullius est debitor nisi quia sic ordinavit; de potentia tamen absoluta potest facere contrarium cum creatura sua sine omni iniuria: *Reportatio* IV q. 3–5 (*OTh* VII, 45).

(14) M. McCord Adams, *op. cit.*, pp. 1191–1198, 1204–1205.

(15) G. Leff, *William of Ockham. The metamorphosis of scholastic discourse*, (Manchester 1975), Totowa 1977, pp. 516–518.

(16) ut sic semper contingenter Deus et libere et misericorditer et ex gratia sua beatificat quemcumque; ut ex puris naturalibus nemo possit mereri vitam aeternam: *Ord.* I d. 17 q. 1 (*OTh* III, 454). dico quod non est necesse Deum diligere ex aliquo inductivo, sed liberaliter et mere libere diligit quem diligit: *ibid.* (*OTh* III, 463–464). Cf. E. Iserloh, *op. cit.*, S. 128.

(17) L. Freppert, *The Basis of Morality According to William Ockham*, Chicago 1988; A. Garvens, Die

Grundlagen der Ethik Wilhelms von Ockham, *Franziskanische Studien* 21 (1934), S. 243–273; 360–408.

(18) nullus actus ex puris naturalibus, nec ex quacumque causa creata, potest esse meritorius, sed ex gratia Dei voluntarie et libere acceptante: *Ord.* I d. 17 q. 2 (*OTh* III, 471–472).

(19) *Summa logicae* III–4 c. 6 (*OPh* I, 779–780).

(20) Secundo dico quod de necessitate acceptat actum elicitum ex caritate, loquendo de necessitate ex suppositione, quia haec consequentia est necessaria: Deus ordinavit et instituit per leges iam datas quod talis actus sic elicitus sit acceptandus, igitur Deus illum actum iam elicitum acceptat: *Quodl.* VI p. 2 (*OTh* IX, 591).

(21) Sicut enim si aliquis semper diligeret Deum et faceret omnia opera Deo accepta, posset eum Deus adnihilare sine aliqua iniuria, ita sibi post talia opera potest non dare vitam aeternam sed poenam aeternam sine iniuria: *Reportatio* IV q. 3–5 (*OTh* VII, 55).

(22) Quia si sint duo aequales in omnibus naturalibus et omnibus habitibus supernaturalibus et actibus, potest primum acceptare et alium reprobare, licet non de potentia ordinata: *Quaestiones variae* I (*OTh* VIII, 22).

(23) Secundum patet quantum ad unam partem, quia Deus potest infundere gratiam sine expulsione culpae, sicut primo angelo stanti in quo nulla culpa praecessit infusionem gratiae: *Reportatio* IV q. 10–11 (*OTh* VII, 207).

(24) Igitur stante illa forma in anima, potest Deus illam animam non acceptare: *Ord.* I d. 17 q. 1 (*OTh* III, 454). ad hoc quod anima sit grata et accepta Deo, de potentia Dei absoluta nulla forma supernaturalis requiritur in anima; et quacumque posita in anima, potest Deus de potentia Dei absoluta illam non acceptare: *ibid.*

(25) Et sic ista opinio maxime recedit ab errore Pelagii: *Ord.* I d. 17 q. 1 (*OTh* III, 455). Cf. E. Iserloh, *op. cit.*, S. 126–133; G. Leff, *op. cit.*, pp. 494, 500.

(26) actus diligendi Deum super omnia, cum circumstantiis quod vellet quidquid placeret, etiam subire mortem et omne periculum et damnum, magis ex natura sua habet quod faciat aliquem libere et sponte elicientem talem actum esse acceptum Deo, quam quaecumque forma quae non est in potestate habentis, sed tantum recipit eam: *Ord.* I d. 17 q. 1 (*OTh* III, 451).

(27) *Quaestiones variae* q. VII a. 1 (*OTh* VIII, 327–330). Cf. T. M. Holopainen, *William Ockham's Theory of the Foundations of Ethics*, Helsinki 1991, pp. 82–85.

(28) M. Damiata, *Guglielmo d'Ockham: Povertà e Potere*, 2 vols., Firenze 1978–1979, I, pp. 416–424.

(29) Deus potest praecipere quod voluntas creata odiat eum: *Reportatio* IV q. 16 (*OTh* VII, 352). Cf. A. Ghisalberti, *Guglielmo di Ockham*, Milano 1972, pp. 231–234.

(30) omnis voluntas recta est conformis rectae rationi: *ibid.*, I d. 41 q. un. (*OTh* IV, 597; 610).

(31) *Ord.* I d. 41 q. un. (*OTh* IV, 597); *ibid.* (*OTh* IV, 610).

(32) sicut alias dictum est de bono, vero et aliis conceptibus connotativis quae tantum habent quid nominis et non quid rei nec rationis: *Reportatio* IV q. 10–11 (*OTh* VII, 224).

(33) malum nihil aliud est quam facere aliquid ad cuius oppositum faciendum aliquis obligatur. Quae obligatio non cadit in Deo, quia ipse ad nihil faciendum obligatur: *ibid.*, II q. 3–4 (*OTh* V, 59); cf. *ibid.*, IV q. 10–11 (*OTh* VII, 198).

(34) G. Leff, *op. cit.*, p. 476.

(35) G. J. Etzkorn, Ockham's View of the Human Passions in the Light of his Philosophical Anthropology, in: W. Vossenkuhl und R. Schönberger (Hgg.), *op. cit.*, pp. 265–287.

(36) non potest probare per aliquam rationem, quia omnis ratio hoc probans accipiet aeque ignotum cum conclusione vel ignotius. Potest tamen evidenter cognosci per experientiam, per hoc quod homo experitur quod tantumcumque ratio dictet aliquid, potest tamen voluntas hoc velle vel non velle vel nolle: *Quodl.* I q. 16 (*OTh* IX, 88).

(37) non est talis connexio inter intellectum et voluntatem quin voluntas possit in oppositum iudicati ab intellectu; aliter non posset peccare: *Reportatio* III q. 11 (*OTh* VI, 355).

(38) voluntas pro statu isto potest nolle finem ultimum sive ostendatur in generali sive in speciali: *ibid.* IV q. 16 (*OTh* VII, 350). Cf. G. Leff, *op. cit.*, p. 305.

(39) Sed aliquis potest velle non esse, igitur potest nolle esse, igitur potest nolle beatitudinem quam credit consequi ad eius esse: *ibid.*, IV q. 16 (*OTh* VII, 350).

(40) Sed voluntas tamquam potentia libera est receptiva nolle et velle respectu cuiuscumque obiecti, igitur si potest in velle respectu Dei, eadem ratione potest in nolle respectu Dei: *ibid.* si esset beatificus, posset beatus fieri libere miser et beatus sicut placet sibi: *ibid.* (*OTh* VII, 352).

(41) quidquid potest voluntas nolle uni individuo alicuius speciei, idem potest velle cuicumque individuo eiusdem speciei. Sed voluntas potest nolle beatitudinem alteri individuo, puta Ioanni, potest igitur nolle beatitudinem sibi: *ibid.* (*OTh* VII, 351).

(42) Alio modo bonum est idem quod volitum, vel accipitur pro omni eo quod est volibile: *Quaestiones variae* q. 8 (*OTh* VIII, 442).

(43) Circa primum sciendum quod voco libertatem potestatem qua possum indifferenter et contingenter diversa ponere, ita quod possum eumdem effectum causare et non causare, nulla diversitate existente alibi extra illam potentiam: *Quodl.* I q. 16 (*OTh* IX, 87). Respondeo quod

voluntas Dei ad extra et voluntas creata in illo instanti in quo agit contingenter agit. ... Tertio modo potest intelligi 'contingenter causare in a', quia libere sine omni variatione et mutatione adveniente sibi vel alteri causae, et sine cessatione alterius causae potest cessare in alio instanti post a ab actu suo: *Tractatus de praedestinatione et de praescientia Dei respectu futurorum contingentium* q. 3 (*OPh* II, 536).

(44) Quantum ad primum dico quod peccatum mortale non habet aliquod quid rei sed tantum nominis, quia nihil unum reale dicit, nec positivum nec privativum vel negativum, quia post actum peccati nihil manet. Unde potest dici quod [definitio] quid nominis peccati est istud: aliquem commisisse aliquem actum vel omisisse propter quod ad poenam aeternam obligatur: *Reportatio* IV q. 10–11 (*OTh* VII, 195).

(45) Ita dico de peccato quod non dicit aliquam unam rem realem vel rationis, sed significat et importat totum istud: actum praeteritum commissum, vel omissionem actus ad quem aliquis obligatur, propter quem talis ordinatur ad poenam aeternam. Et ideo quando quaeritur, quid est peccatum, dicendum est quod non habet quid rei sed tantum quid nominis: *ibid.*, IV q. 10–11 (*OTh* VII, 225).

(46) Ex istis patet quomodo Deus non peccaret quantumcumque faceret omnem actum sicut causa totalis quem nunc facit cum peccatore sicut causa partialis. Quia peccatum, ut dictum est, non dicit aliud nisi actum aliquem commissionis vel omissionis ad quem homo obligatur, propter cuius commissionem vel omissionem obligatur ad poenam aeternam. Deus autem ad nullum actum potest obligari, et ideo eo ipso quod Deus vult hoc, [hoc] est iustum fieri: *ibid.*, IV q. 10–11 (*OTh* VII, 198).

(47) M. McCord Adams, Ockham's Individualisms, in: W. Vossenkuhl und R. Schönberger (Hgg.), *op. cit.*, pp. 3–24.

(48) G. Leff, *op. cit.*, p. 167.

(49) M. McCord Adams, *William Ockham*, loc. cit., p. 1207; G. Leff, *op. cit.*, pp. 167, 176.

(50) R. Guelluy, *Philosophie et Théologie chez Guillaume d'Ockham*, Louvain-Paris 1947, pp. 358f.

(51) A. Goddu, *The Physics of William of Ockham*, Leiden-Köln 1984, pp. 23–51.

(52) *Reportatio* II q. 3-4 (*OTh* V, 72).（註（12）参照）

(53)「私はトマスにおいて見られるような、「認識する」行為・現実態についての形而上学的洞察という意味での認識形而上学から、近世哲学における認識の記述および批判理論という意味での認識論への転換の鍵を握るのがオッカムのスペキエス否定論ではないか、という見通しを立てている……」。稲垣良典著『抽象と直観——中世後期認識理論の研究』創文社、一九九〇年、一二〇頁。

［訳：矢玉俊彦］

（初出：『季刊哲学』第一一号、哲学書房、一九九〇年六月）

解説

山本芳久

著者について

クラウス・リーゼンフーバー神父（一九三八―二〇二二年）は、ドイツ出身の哲学者であり、一九五八年にカトリックの修道会であるイエズス会に入会し、一九六七年に来日して長らく上智大学において教鞭を取った。ドイツ哲学の伝統に対する深い造詣を背景としながら、西洋中世の哲学・神学についての研究・教育に従事するとともに、一般向けの哲学講座やキリスト教入門講座を精力的に行い、多くの日本人に薫陶を与えた。『中世における自由と超越』（創文社、一九八八年）、『中世哲学の源流』（創文社、一九九五年）、『中世における理性と霊性』（知泉書館、二〇〇八年）といった本格的な著作を残すとともに、全二十巻に及ぶ『中世思想原典集成』（平凡社、一九九二―二〇〇二年）の総監修を務めるなど、我が国における中世哲学研究の発展に対する超人的な貢献を成し遂げつつ、二〇二二年に惜しまれながらお亡くなりになった。知泉書館から『クラウス・リーゼンフーバー小著作集』全六巻（二〇一五―二一年）も刊行されている。

残念なことに、一般の読者の手に取りやすい著作はこれまでほとんど存在しなかったが、このたび、リーゼンフーバー神父の代表的な論文からいくつかを抜粋し、講談社学術文庫として刊行されることになった。リーゼンフーバー神父の論文はどれも、無駄な言葉が一つもない、極めて凝縮された論考であり、完成度の非常に高いものばかりである。古代から現代に至る西洋哲学の全体に対する該博な知識と透徹した理解に基づいた論文はまさに知恵の結晶と言うべきものであり、読むたびに新たな気づきを与えてくれるものとなっている。他方、そのあまりに濃密な論述は、中世哲学に馴染んでいない読者にとっては、読み解くのが容易ではないというのも他面の事実である。

それゆえ、この「解説」においては、要約不可能なほどに濃密なリーゼンフーバー神父の論文に対する導入とすべく、あえて大胆に簡略化しながら、それぞれの論文の勘所をなるべく平易に説明していきたい。それぞれの論文に対する簡略化された要約的な理解を手がかりにしながら、密度の濃いリーゼンフーバー神父の論文の深い内実へと少しずつ理解を深めていっていただけたら幸いである（以下、リーゼンフーバー神父のことは、生前多くの人がそう呼び慣らわしていたように、「リーゼンフーバー師」ないし単に「師」と表記する）。

「中世思想における至福の概念」

リーゼンフーバー師の一番の専門はトマス・アクィナス（一二二五―七四年）の哲学・神

学であったが、師は西洋中世思想全体に対する巨視的であると同時に微視的でもある透徹した見通しを有しておられた。本論集の冒頭に置かれた「中世思想における至福の概念」においても、そのような師の思索の成果が十全に表現されている。

西洋中世の「至福」についての理解は、聖書と教父、そしてアリストテレスと新プラトン主義的伝統に代表される古典古代の哲学における「至福」（「幸福」）概念を統合したものとなっている。このような観点から、聖書と教父、カンタベリーのアンセルムス、クレルヴォーのベルナルドゥス、ペトルス・アベラルドゥス、ペトルス・ロンバルドゥスに代表される初期スコラ学、トマス・アクィナスに代表される盛期スコラ学、ドゥンス・スコトゥスとウィリアム・オッカムに代表される後期スコラ学という千年単位の長い視野のもとに「至福」の在り方が論じられている。

そのなかでも最も多くの紙幅が割かれているのは盛期スコラ学のトマス・アクィナスであるが、これは、中世哲学の頂点をトマス・アクィナスに見出す師の基本的な姿勢の表れである。「至福」と「倫理」を結びつける発想が様々な観点から展開された初期スコラ学の時代を受け、盛期スコラ学の時代には、アリストテレスの『ニコマコス倫理学』と聖書に由来するキリスト教的な幸福観が極めて体系的な仕方で統合される。

だが、後期スコラ学の時代になると、「至福と倫理の分離」が生じる。人間の倫理的な義務の根拠は、ひたすら「神の絶対的に自由な命法」のうちに求められることになり、また、「幸福」は「徳」や「倫理的完成」には依存しないものとみなされて、アリストテレス以来のいわゆる「幸福論的倫理学」――徳による倫理的完成のうちにこそ人間としての真の充実すなわち幸福が見出されるという発想――が否定されることになったのである。

逆に言えば、倫理学に関する多数の論文を残しているリーゼンフーバー師の基本的なヴィジョンは、盛期スコラ学における「至福」と「倫理」の統合の在り方に学びつつ、現代において、人間の「倫理的完成」と「幸福」の緊密なつながりを回復させることにあったと言うことができるであろう。

「トマス・アクィナスにおける言葉」

「言葉」は、リーゼンフーバー師の中心的なテーマの一つである。「言葉」をテーマにした師の論考の多くは、人間の「言葉」によって「神」のことをどこまで、どのようにして語ることができるのかできないのかという、いわゆる「神認識」の文脈で議論が展開されている。それに対して、「神認識」に限定せずにより広い文脈においてトマスの言語論が論じられているところに、本論文の大きな特徴がある。

「内的な言葉」と「外的な言葉」の区別と統合といった観点をはじめとして、興味深いいくつもの論点が見出されるが、本論文を一貫しているのは、「言葉に対する実在の優位」という観点である。これは、「言葉」によって紡ぎ出されているトマスの巨大な思想体系全体を解読するための大きな鍵となる観点であり、そのような意味において、単なる「言語論」を超えて、本論文は、トマス哲学全体を解読するための大きな鍵を与えてくれる論考と言えよう。

「トマス・アクィナスにおける存在理解の展開」、「存在と思惟」

「言語論」とならび、「存在論」および人間の精神の構造についての形而上学的な分析は、リーゼンフーバー師が最も精力を傾注したテーマであり、その意味において、それらのテーマのすべてが統合された「トマス・アクィナスにおける存在理解の展開」は、優れたものの多い師の多数の論考の中でも、最も代表的なものと言っても過言ではない。

本論文が主題としているのは、いわゆる「超越論的概念」である。「超越論的概念」とは、「存在するものすべてに、その存在の度合いに従って帰属する規定」のことである。具体的には、「もの（res）」、「存在するもの（ens）」、「一（unum）」、「或るもの（aliquid）」、「真（verum）」、「善（bonum）」、「美（pulchrum）」の七つの概念のことである。

これらの超越論的概念のそれぞれについては、枚挙にいとまがないくらいの研究が積み重ねられてきているが、そのなかで、本論文の特徴は、トマスが様々なテクストで明示的に語っていることに基づきつつも、それを超えて、「超越論的概念の導出原理と全体の内的連関」をより体系的・原理的に考察し直しているところに見出される。トマスのテクストを発展的な仕方で理解しようとするこのような姿勢は、師のトマス論の多くに共通する姿勢であり、そのような姿勢が最も本格的な形で実を結んだのが本論文だと言える。

この世界のあらゆるものは、「存在するもの（ens）」であり、何らかの本質を持つ「もの

(res)」であり、不可分なまとまりを有する「一（unum)」であり、認識されうる「真なるもの（verum)」であり、欲求されうる「善（bonum)」であり、他のもの（aliud）とは区別された何ものか（quid）すなわち「或るもの（aliquid)」であり、秩序と調和を有する「美（pulchrum)」であるというこの世界全体に関する壮大なヴィジョンを、論理的に可能なかぎり掘り下げて彫琢したこの論文は、読み返すたびに新たな洞察を与えてくれる極めて優れた論考である。逆に言うと一度読んだだけでは充分に理解することは困難なものだとも言えるので、読者にはぜひ再読三読をおすすめしたい。

他方、「存在と思惟——存在理解の展開の可能性を探って」は、同じく「超越論的概念」を主題とした論考である（この論考では、「超越論的諸規定」という語が用いられている）。「トマス・アクィナスにおける存在理解の展開」と比べてより短く、より簡潔に論じられているため、本格さにおいては後者に及ぶものではないが、「超越論的概念」についての師の思索により平易に触れることができるものとして、有意義である。この二つの論考を合わせて繰り返し読解することによって、難解な「超越論的概念」についての読者の理解が次第に深まっていくことを願っている。

「トマス・アクィナスにおける神認識の構造」

トマス・アクィナスにおける「神認識」の問題は、「超越論的概念」と並んで、リーゼンフーバー師の中心的なテーマであり、この短い論考以外にも数多くの論文が残されている。

本論考はその中でも最も短いものであり、「神認識」の問題についての師の理解が凝縮して表現されている。
「神認識」の問題において、トマス・アクィナスは、「キリスト教的新プラトン主義者」であるディオニュシオス・アレオパギテスから非常に大きな影響を受けている。そのことは、トマスがディオニュシオスの主著である『神名論』についての詳細な註解を残していることからも裏付けられる。

ディオニュシオスは「否定神学」の泰斗であり、人間は神についてその「何でないか」を語ることはできても、「何であるか」を積極的に語ることはできないと考えた。

たとえば、「神は善い」とか「神は知恵ある」と人間が語るとき、神そのものが「善い」とか「知恵ある」という性質を有するということが意味されているのではない。そうではなく、神がこの世界の中に存在する様々な「善いもの」や「知恵あるもの」の不可知な根源であるということのみが意味されているとディオニュシオスは考える。

神が人間の認識能力や言語表現能力をはるかに超えた存在であるということを認めることにかけて、トマスは人後に落ちるものではない。だが、同時にトマスは、人間の認識の力と可能性を強調し、人間の認識は神に本来的に帰属する内容を捉えることができることを強調するのである。

本論考は、もともとは、「神学のカテドラルの礎」というタイトルで発表されたものである。「神」について語ることを主題とした「神学」という大伽藍のまさに礎を為すものとしての「神認識」の構造を浮き彫りにした本論文は、「神学」を本格的に学ぶための格好の入り口になる論考と言えよう。

「神の全能と人間の自由」

本論文は、後期スコラ学の代表者であるウィリアム・オッカムの思惟の基本構造を掘り下げて考察した、リーゼンフーバー師が残したオッカムについての唯一の本格的な論考である。

この論考においては、オッカムの思惟の原点として、「神は全能である」というキリスト教の信条に基づいた命題が挙げられ、この命題をもとに、オッカム哲学の根本構造が再構成されている。

オッカムは、「神は全能である」という命題から出発しつつ、神の「絶対的能力」と「秩序づけられた能力」を区別する。神は「全能」である以上、矛盾を含まないすべてのことを行うことができる。これが神の「絶対的能力」である。だが、「絶対的な能力」に基づいてなんでもできるのであれば、神はこの世界に対して恣意的な仕方で常に介入するのかというと、そうではない。神はこの世界にそれなりの自律的な秩序を与えており、そのような現存する法則性に一致するような仕方で通常は働きを為すのであり、それが神の「秩序づけられた能力」なのである。このような仕方で、この世界の全体は、「神の全能」の前に、徹底的に非必然的・偶存的なものとしてその姿をあらわにするのである。

理性的・哲学的に理解可能なこの世界の秩序と、理性を超えた神のこの世界に対する関わりとをより安定的・統合的な仕方で捉えようとするトマスの世界理解に対して、理性と信仰、哲学と神学の統合困難な分裂を示唆するオッカムの世界理解は、ガブリエル・ビールを通じて、やがてマルティン・ルターの宗教改革へと繋がっていくことになる。

本論集の大半は、師が最も高く評価していたスコラ学者であるトマス・アクィナスについての論考で占められているが、最後に置かれたオッカムについてのこの論考を通じてトマスとは異なる思考の形態に触れることによって、読者のトマスに対する理解も別の角度から深まっていくことであろう。

終わりに

以上、本論集に収録されたリーゼンフーバー師の論考についての要約的な紹介を可能なかぎり簡潔に進めてきたが、解説執筆のために久しぶりに師の論考をまとめて読み進めるなかで、その濃密な文体に圧倒される思いを新たにしている。また、どの論考も、およそ三十年ほど前に書かれたものであるにもかかわらず、ほとんど古びていないことに驚かされる。

「トマス・アクィナスにおける存在理解の展開」についての解説でも述べたように、師の論考においては、単にトマスのテクストに対する整合的な理解が求められているだけではなく、独自の問題意識に基づいてトマスのテクストを発展的に理解することが目指されている。いや、むしろ、トマスのテクストに肉薄していこうとする姿勢、すなわち、トマスのテクストが対峙していた事柄そのものに肉薄していこうとする姿勢が、おのずと、トマスのテクストに対する発展的理解へと師を導いていったと言うこともできよう。

そのような師のトマスのテクストに対する向き合い方の現れが、通常の文庫本では考えられないほど膨大な量のラテン語原典の引用が含まれた註である。この註を見ると、リーゼンフーバー師がトマスのテクストの全体にいかに通暁し、それらを自在に組み合わせて援用しつつ、トマスが取り組んでいた問題に対して、トマスに即しつつも、単なる「トマス解釈」に堕さない仕方で取り組もうとしていたかがありありと読み取れるだろう。

最後に、このような難解な論集を「文庫」という多くの人が手に取れる仕方で刊行することに尽力してくださった講談社編集部の互盛央さんに感謝するとともに、本書の刊行を通じて、多くの読者がリーゼンフーバー師の残した数多くの論考と、その源泉にある中世スコラ哲学の世界へと導かれていくことを強く祈念しつつ、擱筆したい。

（東京大学教授）

KODANSHA

本書は、一九九五年に創文社より刊行された『中世哲学の源流』（上智大学中世思想研究所中世研究叢書）所収の論文から精選し、新たな配列で編み直したものです。

クラウス・リーゼンフーバー

1938-2022年。フランクフルトに生まれ，ミュンヘン大学で哲学博士号を取得したあと来日，1969年から2009年まで上智大学で教鞭を執った。専門は，西洋中世哲学・神学，ドイツ観念論哲学。主な著書に，『中世における自由と超越』，『中世哲学の源流』（以上，創文社），『西洋古代・中世哲学史』，『中世思想史』（以上，平凡社ライブラリー）ほか。

定価はカバーに表示してあります。

存在と思惟　中世哲学論集

クラウス・リーゼンフーバー

山本芳久　編・解説

村井則夫・矢玉俊彦　訳

2024年３月12日　第１刷発行

発行者　森田浩章

発行所　株式会社講談社

東京都文京区音羽 2-12-21 〒112-8001

電話　編集（03）5395-3512

販売（03）5395-5817

業務（03）5395-3615

装　幀　蟹江征治

印　刷　株式会社ＫＰＳプロダクツ

製　本　株式会社国宝社

本文データ制作　講談社デジタル製作

ISBN978-4-06-535262-5

「講談社学術文庫」の刊行に当たって

これは、学術をポケットに入れることをモットーとして生まれた文庫である。学術は少年の心を養い、成年の心を満たす。その学術がポケットにはいる形で、万人のものになることは、生涯教育をうたう現代の理想である。

こうした考え方は、学術を巨大な城のように見る世間の常識に反するかもしれない。また、一部の人たちからは、学術の権威をおとすものと非難されるかもしれない。しかし、それはいずれも学術の新しい在り方を解しないものといわざるをえない。

学術は、まず魔術への挑戦から始まった。やがて、いわゆる常識をつぎつぎに改めていった。学術の権威は、幾百年、幾千年にわたる、苦しい戦いの成果である。こうしてきずきあげられた城が、一見して近づきがたいものにうつるのは、そのためである。しかし、学術の権威を、その形の上だけで判断してはならない。その生成のあとをかえりみれば、その根は常に人々の生活の中にあった。学術が大きな力たりうるのはそのためであって、生活をはなれた学術は、どこにもない。

開かれた社会といわれる現代にとって、これはまったく自明である。生活と学術との間に、もし距離があるとすれば、何をおいてもこれを埋めねばならない。もしこの距離が形の上の迷信からきているとすれば、その迷信をうち破らねばならぬ。

学術文庫は、内外の迷信を打破し、学術のために新しい天地をひらく意図をもって生まれた。文庫という小さい形と、学術という壮大な城とが、完全に両立するためには、なおいくらかの時を必要とするであろう。しかし、学術をポケットにした社会が、人間の生活にとってより豊かな社会であることは、たしかである。そうした社会の実現のために、文庫の世界に新しいジャンルを加えることができれば幸いである。

一九七六年六月

野間省一